人性・記號與文明

何秀煌 著　　東大圖書公司 印行

國立中央圖書館出版品預行編目資料

人性‧記號與文明：語言、邏輯與記號
世界／何秀煌著．--初版．--台北市
：東大出版：三民總經銷，民81
面；　　公分．--(滄海叢刊)
ISBN 957-19-1443-6 (精裝)
ISBN 957-19-1444-4 (平裝)

1.哲學─論文，講詞等

107　　　　　　　　　　81004764

© 人性 • 記號與文明
── 語言、邏輯與記號 世界

著　者	何秀煌
發行人	劉仲文
著作財產權人	東大圖書股份有限公司
總經銷	三民書局股份有限公司
印刷所	東大圖書股份有限公司
	地址／臺北市重慶南路一段
	六十一號二樓
	郵撥／〇一〇七一七五──〇號
初　版	中華民國八十一年十月
編　號	E 10023

基本定價　叁元叁角叁分

行政院新聞局登記證局版臺業字第〇一九七號

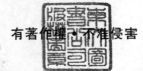

有著作權‧不准侵害

ISBN 957-19-1444-4 (平裝)

前　言

　　二十世紀已經捲旗息鼓。二十一世紀的號角正在平地響起。這是世紀之末，也是世紀之初。我們正在目送什麼舊制？我們想要迎接哪一類的新篇？人貴在能思索，貴在知回顧，貴在善展望。

　　二十世紀是一個自覺的世紀。人類的各種自覺普遍甦醒：社會的、政治的、種族的、國家的、思考方法的、意識形態的、學術原理的、人性基礎的……。一切的一切，都給人拿來打開翻看，追根究底，尋找理由，要求解釋。

　　自覺帶來反思和反省，帶來深層的細察和廣泛的宏觀。在細察宏觀之下，許許多多舊有的堅實信念打破了，原來有用的規範鬆解了；傳統的價值體系受人懷疑，一向採用的運作方式不再暢行無阻。事與事之間的關係需要重新釐定，人與人之間的感情有待重新建立；人與事物，人與自然，甚至人與「神」的相對地位，全都需要重新檢討，重新開展，進而重新定位。這是人類文化的巨大工程，也是人類文明的關鍵門檻。

　　恰好這個世紀又是個變動急劇的世紀。科技心態盤據着我們的理性，工商導向引誘我們的感情。我們相信晚起的事物就是進步，我們假定不停地換新才是先鋒。於是我們不能佇脚停定，我們不堪回頭細想。久而久之，我們養成隨時隨地都在準備捨棄我們已經擁有的事物，無時無刻不在希望擁抱尚未成真的變數。在這樣的無止無境的變化無常的流轉消逝的過程中，我們沒有時間細心分辨真假，我們沒有興趣認真區別對錯和好壞。我們只是跟着時代的潮流，你追我趕。只覺得今日之真，變成明日之假；昔時的對，也許是今日的錯；當代的

好，怎知不變成未來的壞。可是什麼是真，什麼是假？什麼是對，什麼是錯？什麼是好，什麼是壞？

　　經過二十世紀的天旋地轉，尤其經過它後半世紀的頭昏眼花之後，我們已經筋疲力盡，疑慮不堪。在迷途知返之餘，在痛定思痛之下，在我們的內心深處，正有一陣微弱的聲音重新輕盪着思緒的游連。我們要怎麼思索，要怎麼決策？我們希望怎麼活，希望過着怎樣的生活方式？舊的信念固然煙消，新的建制如何成立？如果我們懷緬過去，怎樣把將來開拓成為令人安心快樂的現在？人是理性的動物，人是感情的動物；我們的理性和感情的生成基礎如何？人性的證立根據何在？

　　在這世紀之交，我們不能只是騎牆旁觀地扮演降旗收兵的角色。我們也不能只是隔岸喊吶地吹角響號，歡呼跳躍。我們所要目送的不只是這個時代的思想和建制，我們所要揮別的是二十世紀的人性。同樣地，我們所要迎接的不只是新時代的新觀念和新事物，我們所要擁抱的是二十一世紀的人類感情和二十一世紀的人類理性。

　　這裏所收集的是作者在過去三、四年所發表的文字和宣佈的思想。這些作品代表作者過去八年、十年從事哲學思索的部份結論。如果一定要將這些思想表達成為簡明的論旨，主要可以歸結為「人性演化論」和「記號人性論」（語言人性論）。為了突顯這方面的結論，所以採取文集中的一個長篇之名做為集名。

一九九二年三月十七日　香港中文大學

目　次

邏輯與語言

1. 我們對邏輯的構想與要求

一般我們對邏輯一事並不等閒視之，甚至對邏輯之爲物也不輕易放過。我們常常要求我們的思想 —— 尤其是別人的思想 —— 要合乎邏輯，常常批評或指摘對方的推論 —— 雖然有時不太計較自己的推論 —— 是否不合邏輯。我們爲什麼要對邏輯一事如此看重，對於是否合乎邏輯這麼認眞呢？

簡單說來，我們似乎感覺到，一個人的思想如果不合乎邏輯，那麼他的思考結果就不足以探信；相反地，一個人的推論如果合乎邏輯，那麼他所獲得的結論就能切中事實，符合眞理。

這樣的想法不完全是對的。它對邏輯給予過量的要求和太高的期望，正好像我們期待一個德高望重的人所說的話就必然合乎事實一樣。

事實上，一個有道德的人所說的不一定就是眞話，一個沒有操守的人所說的也不一定就是假話。同樣地，一個人合乎邏輯，他所得的結論不一定就是眞理(眞話)，一個人不合乎邏輯，他所得到的，也不必定就是假話（假理）。

舉例來說，下列的推論合乎邏輯，但其結論卻不爲眞:

(1) 凡人都是父母生的

凡是父母生的都孝順父母

∴凡人都孝順父母

反之，下列的推論卻不合邏輯，但它的結論卻不一定是假的：

(2)　凡認識蘇東坡的都認識王安石

凡認識秦觀的都認識王安石

∴凡認識蘇東坡的都認識秦觀

這種現象之所以發生，主要是因為從事邏輯的主要目的不是在於追求結論是否為眞，因此，合乎邏輯的意思並不是指結論為眞，不合乎邏輯的意思也不是指結論為假。這樣說來，那麼邏輯是用來做什麼的呢？邏輯的主要功能何在呢？

像上列的 (1) 和 (2) 所呈現的是代表推論的結構。我們把它們叫做一個個的論證。邏輯的主要任務在於檢查論證是否成立。什麼叫做一個論證成立，或者一個論證不成立呢？

一個論證可以區分為兩部份：前提和結論。像上述的(1)中，凡人都是父母生的，以及凡是父母生的都孝順父母，兩者是前提，而凡人都孝順父母則是結論。如果前提之為眞足以保證結論為眞，則我們說那個論證可以成立，不然的話，它就不成立。一個可以成立的論證，我們稱之為對確的論證。也就是說，在一個對確的論證裏，前提之為眞構成了結論為眞的充分條件：前提如果為眞，則結論就必然會跟着為眞。

我們要講究邏輯，目的就在於追尋對確的論證。那麼，我們為什麼要追尋對確的論證呢？如果依照上面所說，對確的論證並不擔保其

結論一定爲眞啊!

　　雖然一個對確的論證,其結論不必然爲眞。可是一個論證如果是對確的,而且它的前提也爲眞的話,那麼它的結論也一定跟着爲眞。這是對確的論證的一個最重要的性質。

　　我們爲什麼熱中於這樣的論證呢?

　　第一,假定我們把握了一堆資訊(信息),藉着對確的推論,我們可以推衍出另外的資訊(信息),而且前者如果可靠(可信),後者也一定跟着一樣可靠(可信)。於是,在我們的一般生活情境或專業工作裏,我們可以不必處處從事個別事件的考察,而站在已經把握的基礎上,利用推論思考,獲得更多可以把握的知識或信念。我們要求在推論思考之間符合邏輯正是這個道理。我們不希望在可靠的基礎上得到有可能不可靠的資訊。

　　用一些當代流行的術語來說,我們可以把邏輯構想成一種處理資訊的輸入和輸出的系統。我們構造這種論證系統的目的是,輸入眞的前提,以便輸出眞的結論。前提與結論之間若具有種邏輯關係 —— 前者之爲眞構成後者爲眞的充分條件 —— 那麼我們說前提涵蘊着結論。所以,所謂合乎邏輯指的是前提與結論之間的涵蘊關係存在: 前提涵蘊着結論。所謂不合乎邏輯指的是兩者之間的涵蘊關係不存在: 前提不涵蘊着結論。合乎邏輯或不合乎邏輯所指的,直接和結論的眞假無關。

　　這是我們交付給邏輯的任務, 也是邏輯的構作所必須滿足的條件。

　　確定了邏輯的任務之後,接下去的一個重大問題就是如何發展一種方法、一套方法或一系統的方法,用來檢查一個論證是否對確,檢查在一個論證之中,前提是否涵蘊結論。換句話說,我們提出了對確

論證的定義（界說），接着我們需要設計判別論證是否對確的方法。我們有了合乎邏輯的判斷標準，進一步需要提供判定是否合乎邏輯的手段。

2. 邏輯的方法 —— 形式方法

邏輯不是拿一個一個的論證出來，詳細考察其前提與結論的內容，然後設想有沒有可能前提爲眞，但結論卻爲假（也就是說，前提若爲眞，結論是否必然跟着爲眞），或者：前提是否涵蘊着結論。這樣做是一件極爲複雜繁瑣，有時甚至全無把握容易落空的事。因爲我們所要考慮的不是這個世界的眞實情況如何，而是不管這個世界的眞實情況怎樣，前提爲眞而結論爲假的可能性是否存在。也就是說，我們所思想的，不是前提與結論的眞假問題，而是前提是否涵蘊着結論的問題。

就以上述的論證（2）爲例來說，當我們要考察它是否對確時，我們不能只是考察底下（3）、（4）和（5）諸事是否完全爲眞：

(3) 凡認識蘇東坡的都認識王安石

(4) 凡認識秦觀的都認識王安石

(5) 凡認識蘇東坡的都認識秦觀

事實上，這三個歷史上的事件是否全屬事實已經很難明白確定，更加困難的是，如果我們要採取這樣的考察方式，那我們就不可以只停留在這層問題（事實問題）之上。因爲前提和結論全都爲眞的論證並不自動構成一個對確的論證。比如，底下的論證含有眞的前提，也含有

眞的結論，但它卻不是一個對確的論證。它的前提並沒有涵蘊着它的
結論：

    (6)   蘇東坡是宋朝詞家

         秦觀是宋朝詞家

      ∴蘇東坡認識秦觀

那麼，爲了要確定上述論證 (2) 的對確性，我們應該怎樣設想呢？

    讓我們採用一個現在頗爲流行的概念來說吧。（事實上這個概念
遠在十七世紀時，就爲德國哲學家萊布尼兹所樂用。）那就是「可能
世界」的概念。讓我們定義自己生活其中這個世界爲「現實世界」，
但是這一個現實世界只不過是許許多多可能的世界之一。當我們要考
察邏輯上的涵蘊問題時，我們不能只顧我們的現實世界，這樣做只能
考察到前提和結論的眞假。要達到那個目的，我們必須兼顧所有的可
能世界，這樣做才可望尋索到前提是否涵蘊結論。我們必須察看每一
個可能的世界，看看在每一個 (3) 和 (4) 都爲眞的世界中，(5) 是否
也跟爲眞而沒有例外。若是，則上述的 (2) 是個對確的論證，(3) 與
(4)涵蘊着(5)；不然的話，就不是。

    這樣做是個繁瑣複雜的工作。又因爲可能的世界不計其數，事實
上其數目無窮，因此，我們也不能採用簡單的枚舉方法爲之。我們
往往必須重新回到可能性或必然性上面，最後回到當初我們出發的起
點。

    邏輯不是拿一個一個的論證出來，考察其前提與結論的實質內
容，然後判定前者是否涵蘊後者。邏輯所使用的方法是，將論證裏頭
的實質內容抽離除去，留下論證的軀殼，這些軀殼稱爲「論證形式」。

跟着，邏輯發展一套精密的語意論，證明某些論證形式是對確的論證
形式，凡是具有該形式的論證都是對確的論證。

比如，就上述的論證 (1) 來說，邏輯將這個論證中的實質內容，
包括人、父母生的、孝順父母等全都抽離開去，留下 (7) 這樣的論證
形式：

> (7)　凡 A（都）是 B
>
> 　　　凡 B（都）是 C
>
> ∴凡 A（都）是 C

接着，邏輯告訴我們，根據‘凡……是———’的意義，如果‘凡 A 是
B’和‘凡 B 是 C’都是眞的話，那麼‘凡 A 是 C’也一定會跟着爲眞。
所以，上述的 (7) 是個對確的論證形式。凡是符合這個形式的，像底
下的 (8) 和 (9)，或是前述的 (1)，全都是對確的論證：

> (8)　凡詩人都（是）能觀察入微（的）
>
> 　　　凡能觀察入微（的）都（是）感情細膩（的）
>
> ∴凡詩人都（是）感情細膩（的）

> (9)　凡具有對確的論證形式的論證都是對確的論證
>
> 　　　凡對確的論證都有涵蘊關係存在
>
> ∴凡具有對確的論證形式的論證都有涵蘊關係存在

當然，對確的論證形式不只一個，事實上有無窮多的論證形式都是對
確的。比如，除了上列的 (7) 之外，底下的 (10) 至 (12) 也全都是

對確的論證形式:

$$(10)\quad 凡 A（都）是 B$$
$$\qquad\quad 凡 B（都）非 C$$
$$\overline{\qquad\qquad\qquad\qquad}$$
$$\qquad\therefore 凡 A（都）非 C$$

$$(11)\quad 若 p 則 q$$
$$\qquad\quad 若 q 則 r$$
$$\overline{\qquad\qquad\qquad}$$
$$\qquad\therefore 若 p 則 r$$

$$(12)\quad 若非 p 則非 q$$
$$\qquad\quad 若非 r 則非 s$$
$$\qquad\quad q 或 s$$
$$\overline{\qquad\qquad\qquad}$$
$$\qquad\therefore p 或 r$$

一般我們把論證形式中，用來表現結構的字眼，像‘凡……是———’‘若……則———’，‘非’，‘或’等等，稱為「邏輯字詞」；而論證形式中用來標示空位的，如‘A’，‘B’，‘p’，‘q’等等，稱為邏輯變數(前面兩個是謂詞變數，後面兩個是語句變數)，所謂論證形式是由邏輯字詞加上邏輯變數兩者所組成的結構來加以決定的。邏輯分別對不同的邏輯字詞發展出精確的語意論（那是用來界定何謂真句的「真句界說」），用以證明哪一個論證形式是對確的論證形式，哪一個不是。

　　不管怎樣，我們看得出邏輯使用一種特殊的方法來執行它的任務。它不直接研究一個一個的論證，看看哪些是對確的，哪些不對

確。它所研究的是一個一個抽離出來的論證形式，判定哪一個形式是對確的形式，哪一個形式不是對確的形式。

這樣一來，我們也就面對着一個大難題：邏輯可以窮盡所有可能的對確的論證形式嗎？如果不能的話，一個合乎現有的對確論證形式的論證固然是對確的，可是一個沒有合乎現有的對確論證形式的論證不一定就是不對確的啊！也就是說，一個論證具有現行可辨認的對確形式是該論證成爲對確論證的充分條件，但卻不是必要條件，更不是充分而又必要條件。

這是形式方法的一個重大限制，而邏輯正是使用這種方法在不斷發展，往前開拓。

扼要地說，邏輯依照不同種別的邏輯字詞構作出不同的邏輯系統（有時開展出不同種類的邏輯），並且在該系統中發展出判別對確的論證形式的方法出來。邏輯家通過不斷的努力，可望在我們日常語言中，指認出更多新的邏輯字詞，考察研究，構作出新的邏輯系統與邏輯規則，使邏輯可以有效含蓋的範圍愈來愈加廣，使邏輯能夠處理的論證形式愈來愈增多。這是邏輯在新的領域上的開拓方向。但是，不論如何，它仍然是在形式的方法上發展着力，上面我們所指出來的問題和限制，一直高懸在邏輯的地平線上，無法消逝。

3. 語言與推論：應用邏輯問題

邏輯雖然使用形式方法而有上述的限制，但是形式方法使用起來並不是沒有它特有的優點。最明顯可見的是，使用了這樣的方法令我們不必受制於個別論證中特殊題材的糾纏，專心致力於邏輯性質和邏輯關係的開發和研究。事實上，邏輯學當初的起飛躍進和後來的長足

進步主要受惠於這種方法的推行使用。它促使邏輯在系統化方面取得其他學科不容易獲得的境地。

系統化是一件很重大的成就。它一方面使得學科內部的開展結果趨於一致，使研究結論獲得一貫性。另一方面，系統性的開發也促使學科的研究更加深入貫徹，獲取遠超零星孤立的探討所可望獲得的豐富成果。邏輯的系統化正是如此。

不過，邏輯的形式化與系統化（事實上是形式的系統化）帶出一些可以預期的結果。一方面，這樣的發展令邏輯在表達與構作方面獲得了更高的嚴密性和精確性，排除了一般在日常語言的論證中所常見的歧義、含混、籠統和鬆散。可是，另一方面，邏輯在外貌上也愈來愈和日常語言的表達方式格格不入，甚至南轅北轍了。邏輯離開了日常語言而獨立成長，光大輝煌。

邏輯的發展逐步遠離了日常語言的表現方式，可是我們的思想，我們的推理（或推論）卻在日常語言的架構和習慣之中為之；用來重構推理或推論的論證也是鑲嵌在日常語言的規模當中的；那麼，這樣一來邏輯怎能發揮它判別論證，甚至指導推論的功能呢？

當邏輯慢慢擺脫日常語言的表達方式而成為自己一門獨立的學科時，一種顯而易見而且易察難防的發展趨勢就漸漸變成無法抗拒，不可抵擋了：邏輯逐步演變成為一種很專技的特別學科，有時專技得連邏輯家們也各別自立門戶，互欠理解，各不相干。這正是二十世紀的大半時期裏，在邏輯原野上所發生的景象。絕大部份的邏輯才思都投落在專技邏輯的開拓耕耘之上。日常語言的邏輯功能和推論成素變得無人問津，缺乏照料。此種現象一直澎湃汎濫，造成時勢，直到本世紀之末，才有挽轉狂瀾，幡然回天之勢（比如晚近興起的「批判性思考運動」（Critical thinking movement），就是一個清新可喜

的例子）。

邏輯和日常語言之間產生如許的鴻溝，徒令邏輯的發展顯得優美精密，但與一般思考無關；準確深入，但卻無助於日常的推論。邏輯變成不在努力執行一般人交付給它的任務，它令許多人失望，認為學了邏輯只是增多了專技的知識，沒有幫助日常生活當中的實際推論。邏輯變成一種學來無用的學科。

當然，專技邏輯絕非一無是處，全然沒用。這點我們將在下文裏約略提及。現在值得我們注意的是，由於邏輯學科的專技化，表現在日常語言中的推論如何才能繼續接受邏輯的指導和檢驗呢？

邏輯自立門戶之後，在每一個系統之中，對於系統可用的條件與限制都做出嚴密詳盡的規定。比如一個系統的討論界域（論域）如何，它含有何種邏輯常數和邏輯變數，其中邏輯常數如何使用語意論（眞句界說）加以準確定義，而邏輯變數賦值的根本假定如何，賦值方法如何等等。另外，諸如一個系統中有無基本眞句（如公理），它的基本推論規則又是那些等等，全都在一個邏輯系統中明白交代，準確規定。但是，這些規定到底是否和我們日常語言中的使用假定互相配合，有時顯得甚難查考，另外有時變得明顯地互相違背。日常語言當中，有太多沒有在使用之前事先頒佈的規定，但在實際的應用場合裏，卻能脈絡突顯，條理分明。由於日常語言中含有太多沒經明白道說的豐富內容，因此當面對一切都明文規定的邏輯系統之時，往往產生如何銜接，是否適用，以及怎樣通融的問題。

舉些簡單的例子來看，底下 (13)—(16) 這些論證從現代邏輯的觀點看，全都不是對確的。但是我們許多人對它們為什麼會是不對確，卻懷着疑信相參的眼光：

(13)　　有的學生用功

　　　∴有的學生不用功

(14)　　凡聖人都注重操守

　　　∴有的聖人注重操守

(15)　　鬼不存在

　　　∴凡鬼愛夜遊

(16)　　鬼不存在

　　　∴凡鬼愛夜遊，並且凡鬼不愛夜遊

　　邏輯的專業訓練和一般的語言使用常識產生裂痕鴻溝之後，我們對邏輯的寄望 —— 期望以它來檢驗論證的對確性的要求，也就得重新加以考慮，回頭加以評估。至少應用邏輯起來必須謹愼爲之，小心從事。

　　現在，我們在邏輯的應用上碰到了什麼問題呢？很簡單地說，主要是以日常語言表達出來的論證對邏輯系統構作下的論證形式的映射問題：我們要怎樣去決定某一論證（在日常語言中）具有哪一個（在邏輯系統裏的）論證形式呢？有沒有一個妥善可行的方法可以用來指導這一映射呢？

　　日常語言的表達常常是豐富的，多樣的，注重變化的，講究美感的，甚至有時是縮簡的，隱含的，意存言外的。可是，相反地，系統邏輯的表現卻是精密的，死板的，不求變化力謀一貫的，甚至有意犧牲優美以達準確目的的。所以，當我們要將日常語言裏的論證，釋寫

映射到一個邏輯系統內的論證形式時，我們所需要的訓練就不只是專業邏輯的訓練了。我們加倍需要的反而是日常語言的把握與瞭解。假定我們對於日常語言把握不全，瞭解欠當，儘管我們富有專業邏輯的學識與訓練，釋寫起來，可能魚目混珠，正誤參半，結果爲山九仞，功虧一簣。

所以，應用邏輯的問題之中，最尖銳的反而是對日常語言的把握問題。這是使用系統邏輯能否成功的先決條件。

4.　日常語言的特質：開放系統與萬能工具

日常語言有許許多多的特徵，其中有兩點特別值得我們在此提出討論。

第一，日常語言不是一個封閉系統。

首先讓我們從日常語言中的語詞所代表的概念着眼：如果我們詳細審察，我們會發現在日常語言中，每一個語詞的意義或它的用法，全都隨着不同的時代，不同的使用背景和不同的文理脈絡而不斷地挪動着。有時語詞代表的概念擴大複雜了，有時縮小簡化了，有時它所指的包容得更廣更多了，有時收縮得愈來愈小了。在這樣的變化過程當中，語詞和語詞之間的關係也就跟着起了微妙的變化。有些語詞本來意義頗爲接近，後來逐漸疏遠了；另外有些語詞所代表的概念原來頗不相似，後來卻慢慢互通起來了。這樣發展的結果，使得日常語言全面產生動態的演變，生生不息，嬗遞無終。結果衍生出一種說來令人訝異不置的現象。如果我們從日常語言的全體文理脈絡來看，我們幾乎無法找到兩個語詞，在所有可能的脈絡之中，都是絕對的同義詞。經驗告訴我們，絕難找到兩個語詞，可以在所有可能的脈絡中，

互相交換，替代使用。任何兩個語詞，不是在意義上有別，就是在用法上不同，否則就是在語氣、情調、感覺色彩，引起的反應或造成的聯想上，不能完全切合，簡單取代。

這是因為每一個語詞，當投入語言體系的全體使用脈絡之後，各自發生了不同的變化。即使起源相似，意義鄰近的語詞也在層層交疊的使用中，具有了不同的演變滄桑。語詞是通過人類的心靈和世界上的事事物物發生接觸，它也和人類的感覺經驗、信念認知以及情感心懷一起成長，共同發展。語言、心靈和世界三者形成了創造文明，衍生文化，塑造傳統的交互共振體。

這樣一來，我們學習語言就不能只是依賴字面意義。語言的把握令我們獲取了一套生活經驗、一套歷史經驗和一套文化經驗。我們在不同的語言之中經歷了不同的傳統與人生。

這樣的傳統與人生是在不斷演化的過程之中的，語言的開放性是件必然之事，不只是偶然如此而已。

語言的開放性當然不只停留在語詞的意義和用法的層面上。事實上整個語言體系的運用都在動態的演變過程之中。語用上的根本假定，語意上的基礎要求，語法上的可用結構，在在都可以因時、因地、因人，因不同的脈絡而產生微妙的變化。比如，我們都知道日常語言的文法是不一貫的。每一條規則都容有例外，而且有時無法說出到底容許在什麼場合裏有例外。語言的使用本身是一種創造的過程——至少是一種再創造的過程。又如，我們都不甚清楚日常語言到底是根據二值邏輯或多值邏輯（比如三值邏輯）？它到底是中立於依賴它構作出來的理論，或者對此等理論有所選擇，有所偏袒（比如日常語言是不是傾向使用古典科學的世界觀）？又如，日常語言的創新性和慣性（惰性）怎樣？它是不是傾向於停留在常識的認知層面而不容

易進到專門的知識高度，因此它與專技語言之間永遠保留一個不可踰越的鴻溝？類似這樣的問題，往往無法一清二楚地完全加以解答。可是至少我們必須對這些問題的存在有所覺察，使用起日常語言——尤其要用來作為嚴格的邏輯用途時，才不至於顛倒混亂，本末難分。

第二，與上述所說的日常語言的開放性密切相干的是：日常語言是一種萬能工具（至少是種萬用工具）。

日常語言不只用來描述，用來決斷，用來表情，用來發號施令，用來請求，用來祈願，用來伸張不平，用來感喟嘆息，用來猜測，用來幻想，用來迷醉，用來懷疑，用來安慰，用來許諾，用來發問，用來解惑，甚至用來欺瞞，用來頌揚，用來施謀，用來解圍，用來愛，用來恨，用來吟，用來唱，用來助己，用來利人……。事實上，舉凡人類的心思、活動、思想、胸懷、臆設、願望、希求、疑惑、幻想、計謀……，一切的身心的狀態與活動，一切的一切，都可以通過語言的方式，或直接地或間接地，或明白地或隱含地，或原原本本地或轉移取代地，獲取人類心目中期許的目的。語言，尤其是加上其他輔助的表徵符號，像表情和聲調等，令人類可望企及的能力範圍大大擴張，可以成功的工作項目大大增加，能夠獲得的認知內容大大增強，可能達到的心靈境界也大大提高。事實上，人類的人性——包括他的理性和他的感性——基本上藉助語言的存在及其慣常使用，而不斷開拓發展，定型演化。語言造就了人性，不只是豐富人生，塑成文化而已。

所以，我們應該注意我們的心靈和我們的語言之間的交互關係，注意兩者之間的相互能動性和彼此互動性。語言是一種工具，一種萬能工具。但它卻不是一種完全被動的萬能工具。我們的心靈與我們的語言並生並長，我們的人性和我們的語言共表共裏，互體互用。

　　瞭解了這一點之後，我們也就認識到日常語言與專業邏輯之間的關係不能只是由平面靜態的觀點去省察。日常語言造就了專業邏輯，同時也要不斷涵養更豐富的邏輯，不斷為專業邏輯指出更加廣闊的天地，提出更加妥善的邏輯目標與邏輯內容。

5.　邏輯與語言

　　從上面所說的觀點看來，專業邏輯系統不應該被看做是外加於我們日常語言之上，用來指導日常語言中的推論之附加結構。專業邏輯是從日常語言的母體之中衍化出來，企圖用來表構我們的推論原理或論證結構的高層語言（或小語言），正好像科學的系統、音樂的系統和詩學的系統，也可以類似地被看做是用來陳示各該領域的運作原理或工作目的的高層語言（小語言）一樣。因為它不是外加的，而是內生的，我們必須隨時注意構作這些高層語言（小語言）的目的和理想，從而檢討這種高層語言是否構作成功。如果不是的話，應在哪些方面做出彌補或改良。

　　回到邏輯的例子上來說，原來人類是使用日常語言這個開放系統和萬能工具來尋索、思辨、推理和論證 —— 來做邏輯運作活動的。可是因為日常語言的龐雜性，令我們不容易在日常語言裏頭，集中注意，貫徹目標，心無旁顧，一往直前。為了專注於邏輯的目的，我們另外創造一套符號 —— 或在原來的語言系統中選擇過濾，重組再製出一套子系統 —— 專門用來行使邏輯的功能。這樣重新創造或另外再製的語言系統，在設計上預先避開了與邏輯不相干的語言成素，因此應用起來，避免它們的無謂干擾。比方，我們在這樣重製再建的邏輯語言中，力求定義精密，劃界清晰，排除不當假定，明文規定指涉範

圍，因此避免了歧義性，含混性，籠統性，情緒化，以及隱含假定等等的無謂侵擾，影響邏輯任務的實施與執行。所以，從執行邏輯任務的觀點看，這樣重構再建的語言是一種邏輯的「理想語言」，它使邏輯的任務執行起來，方便，迅速，不偏頗，少誤差等等。這是專業邏輯系統的長處，也是一般日常語言比不上的地方（當然，理想語言是針對某一個構作目的而言的。因此，是邏輯的理想語言不一定就是藝術的理想語言，是藝術的理想語言不一定就是詩學的理想語言等等）。

可是，有了這樣的邏輯專用語言（專業邏輯系統）之後，並不是所有有關邏輯的問題就可以一勞永逸，迎刃而解。不要說別的，一個邏輯的理想語言本身，不能用來界定什麼是邏輯的理想語言。邏輯語言的理想性必須在這語言之外來加以界定。也就是說，邏輯的理想性應該是一個系統外的標準，而不應該只成爲系統內的標準。除此之外，像一般我們所熟悉的對確性、涵蘊關係、等價關係等等，全都應該有一個外在於系統的（系統外的）標準（當我們有了系統外的標準之後，在系統之內規定一個相應的界說，則無妨）。

這個道理很簡單，如果一個系統所要追求的目的、效力或價值等等，是由系統內部本身來決定的話，那麼我們永遠無法對該系統做出該等項目的評價（它們在該系統之中，很容易不待努力，自動滿足）。同樣地，我們也永遠無法眞正比較不同的諸系統，考察在該等方面的成就程度。

比如，在邏輯上，如果對確性是在專業邏輯的系統內部決定的，而沒有一個系統外的標準的話，那麼不同的專業邏輯系統可以界定不同（或不盡相同）的對確性概念，這樣一來，我們怎樣拿這些邏輯系統來檢驗我們的推論或論證，也就成了天大的問題了。

　　所以，構作了邏輯的理想語言系統 —— 構作了專業邏輯系統之後，邏輯的問題並沒有因此獲得全盤而徹底的解決。我們必須回到日常語言之中，回到心靈馳騁運作之所，推理論辯之地，觀看我們所構作出來的系統到底是否合乎我們的目的與理想。套用一組現代的概念來說，專業邏輯系統這種「對象語言」構作出來之後，我們還得使用日常語言這個「後設語言」來加以評價，看看它有沒有滿足我們的需要，看看有那些地方是有待改善或加強的。

　　現在，我們已經有了形形色色的專業邏輯系統。比如，眞值函數的命題演算系統，古典的三段論系統，謂詞邏輯系統，模態邏輯系統，規範邏輯系統，多值邏輯系統，甚至乏晰邏輯系統……種種等等。這些專業邏輯系統，單獨地，或共同地，能否爲我們的推理、推論和論證提出我們所期望的指導標準和檢驗原則呢？如果不能，我們還需要精進哪種邏輯系統，改造哪種邏輯系統，甚至重新發明哪種邏輯系統？這些問題，以及類似的問題無法在專業邏輯系統裏加以解決。我們必須回到日常語言中的實際經驗，參照日常語言中的具體工作成果，才能提出解答的方案。因爲日常語言才是我們心靈運思之地，它才是我們的心靈與外在世界接觸之鑰。

　　從這樣的觀點看，日常語言的邏輯（如中國語文之邏輯）的研究是研究邏輯與構作邏輯不可忽視的一環。這也是我們通常容易偏廢的一個領域。可是依照上面的分析看來，這方面的研究成果不但是促進專業邏輯發展的基礎條件，更是用來評價專業邏輯的原理原則。

6.　後語：中國語文的邏輯

　　我們爲什麼可以在日常語言的運作研究中獲得邏輯的啓發呢？日

常語言有它內在的邏輯嗎？那樣的邏輯，如果有的話，是語言的邏輯呢？或是心靈的邏輯呢？或是理性的原理呢？

作者採取一種人性演化論的觀點，並且進一步主張（這點上文已經提過）所謂人性的演化，包括理性的演化和感情（感性）的演化，是和人類發明語言以及不斷使用語言密不可分的。作者認為，人類能夠終久具備講信用，懂愛情，有願望，知廉恥和重邏輯等等特質，全都是因為使用語言，塑造心靈，兩者互激互盪，交相為用的結果。語言不能夠漫無章理，全無規律地加以濫用（那樣就不成其為語言了）。不管理智的語言也好，感情的語言也好，全有它們的使用規律和潛存語法，這些規律和語法與人類心靈的結構同進退，跟人類理性和感情的構成相表裏。所以，我們可以在語言的使用之間，窺探人類心靈塑造的樣式，在語言的規律之中，發掘人性結構的底蘊。

所以，中國人的心靈，中國人的理性與感情，可以通過中國語文去研究。那是語言內在的邏輯，它也反映心靈的邏輯，其中包括理性的原理和感情的原理。比如，我們可以通過中國語文的構詞原理和運句通則察看中國人的心靈運作規律，分析中國人的理性結構和感情造型。

一九八七年九月二十四日完稿
於廣州中山大學專家樓（荊園）

（本文係根據一九八七年九月二十三日作者在廣州中山大學
哲學系之演講內容寫成）。

科學理論與科學傳統

1. 我們爲什麼需要理論

理論是一系統的命題（或語句）。一個命題系統不只是一個命題集合，因爲在一個系統之中，衆多命題之間，並非孤立並排，雜陳堆砌。在一個系統裏，一個命題有它相對的邏輯地位，衆多命題之間，存在著涵蘊關係的鏈鎖，彼此互相關應在一起，有本末先後，有主幹末梢。

充當理論的命題通常不只是用來報告我們的感官經驗。只是感覺經驗內容的報告，彼此之間容或存有時空因果等關聯，但卻沒有邏輯上的關係，因此不構成一系統的命題，不能形成一個理論。

構成理論的命題通常含有一些語詞，用以表達某些不是直接經驗到的項目的概念。卽使很粗糙，甚至常識性、民俗性或迷信中的理論，也都如此。比如，以前用來說明月蝕現象的「天狗吞月」理論，也要設置一隻不明顯可見的天狗。科學理論的命題中所含有的概念，更是如此。比如像「萬有引力」、「磁場」、「質量」、「原子價」、「加速度」、「基因」、「電子」、「能」、「功」、「熵」……等等，全都不是代表直接可感覺的經驗事物或經驗內容。就以「萬有引力」這一概念來說，我們常聽人家談起，牛頓有一次看見蘋果從樹上掉下來，因而想起或「發現」萬有引力。可是，值得我們注意的是，萬有引力並非那隻蘋果，也不是那次掉落的事件，它並不是這種可感覺的東西。察覺那隻

蘋果的掉落和發現萬有引力之間並沒有必然的關聯，不然的話，歷代的農夫們應該比牛頓更早發現萬有引力，他們所看到的蘋果掉落事件要比牛頓所看到的年代久遠得多，數量也龐大得多。

理論的命題中所含有的這類不直接指涉感官經驗的概念是人類的臆想和發明產生的，不是自然界客觀生成的。這種「理論概念」的上述兩方面的性質全都值得我們加以注意。

首先，因為這種概念不是直接指涉感官經驗內容，所以它們能夠更加抽象地含蓋著經驗事物和經驗事件。比如，萬有引力不就是蘋果由樹上落地這些感覺經驗內容，因此它不受制於果園的狹窄範圍。我們不但可以利用它來說明蘋果落地的現象，行星環繞太陽運行的現象，月之盈虧與潮汐消長的現象，也可以利用它來說明其他許許多多的自然現象。通常，在其他條件不變的情況之下，一個理論概念愈抽離感官經驗內容，它所能夠含蓋的事物與事件愈眾多，我們能夠藉之說明的現象也愈多樣。這種概念的抽象性是成熟理論的必備條件，也是理論的說明力和含蓋力的重要來源。

理論概念的抽象性也往往產生一種重要的心理效應和知識論上的後果。因為這些概念是（程度不同地）抽象的，因此使用它們來說明我們所熟知或直接可以感覺的現象時，我們好像挖深了這個世界的真相，好像比較深刻地瞭解了自然現象據以發生的底蘊，而不只是停留在浮光掠影的表層。使用愈抽象的理論概念，我們愈有這種心理感覺。我們常常覺得抽象的理論帶引我們認識了深奧的真實，道理就在於此。這是使用抽象的理論概念帶來的心理效應。另外，從知識論的觀點看，含著不同等級抽象程度的理論概念的命題，經常依照這種抽象性的高低，形成互相統攝，具有層次上下的系統網絡。雖然這樣的統攝關係很少是直線安排的，它的結構也不一定是獨一無二，非此不

可的。但是理論概念的抽象度卻自然地為一個理論中的命題，提供了本末先後的安排指標。在一個理論裏，這是構成諸命題間的知識論上的層次與結構的基本條件，也是一個理論的系統性的重要來源。

上面提到這種理論概念的另一特質，也值得我們在此加以正視。這種理論概念不是來自天生，取諸自然的。理論概念是人類心靈活動的產物。與其說這些概念是人類「發現」的，不如說它們是人類「發明」的。就是因為這種概念是人類創造出來的，它們不是人類單純的面對自然的直接反應，而是人類為了解決疑難，說明現象，而提出來的思想工具和運作橋樑。

從發明創造的觀點看，概念的創生並沒有一成不變的程序步驟，背後也沒有一套客觀絕對的必然邏輯。概念的形成一方面受制於人類所把握的問題以及所要解決的疑難，另一方面也有賴個人的天資與才華，社會的習慣，時代的風氣以及文化的精神。從這樣的觀點看，概念的創造發明不僅是邏輯的、理論的，同時也是歷史的、時代的、社會的和個人的。概念的發明是在一個文化傳統中，個人思索考慮的結果。

因為概念不是客觀自然的，它們的發明創造又沒有必然的邏輯規律，因此面對同一個客觀世界，面對類似的自然現象，不同文化傳統裏的人可能提出不同的概念，試圖加以說明；即使同一個文化傳統裏頭的人，也可以因為個人的差異，而設想出不同或不盡相同的概念方案。所以，理論也是文化傳統下的產物。科學的理論也有它賴以生成，供其開展繁發的文化傳統。

那麼我們為什麼需要理論呢？

理論是在我們致力認知，尋求知識的過程中逐步形成的。致知的努力可能起於實用上的需要，也可能起於好奇地想要消除疑惑。認知

可以由一點一滴的事實收集開始，分類比較，解析推理，想出概念，含蓋統括，多方滙聚，融會貫通。相反地，求知也可以不採取如此積沙堆土，集腋成裘的方法。有時人類可以根據少量成例，發揮想像，構製概念，提出臆測，終究完成理論，創造知識。人類的求知過程並沒有必然的邏輯，可是成熟的知識不是零碎的、散亂的、個別孤零的。成熟的知識講究知識與知識之間互相呼應，彼此貫通。它講究一貫性和系統性。而提出概念，創造臆設，構成理論正是人類知識尋求一貫性和系統性的基本方法和重要程序。

有了理論，新知識易於獲取，眞知與假理之間易於劃分與區別。證據容易收集，推理容易進行，我們對世界的理解容易達到較高的深度。這是我們需要理論的理由所在。

2. 理論的經驗成素與邏輯成素

有些理論是要對外在世界的現象有所說明的，這類的理論可以稱爲「經驗理論」。比如自然科學的理論、社會科學的理論等等都是。另外有些理論不是要用來說明外在世界的現象，而是用來組織人類所發明所創作的概念的，這類的理論可以名之爲「邏輯理論」。比如種種純數學的理論都是。

這兩類理論的區別不僅在於它們所要研究處理的對象不同，兩者在取證方式及核驗標準上也大異其趣。經驗理論中的命題最終需要在人類對外在世界的經驗中採取支持的論據；可是邏輯理論裏的命題卻只要在我們的概念世界中，依憑概念內含和邏輯推論就可以獲得證立的根據。例如，波義爾定律或牛頓運動定律或孟德爾遜的遺傳定律或者將鋅片投入硫酸之中產生氫氣等等是否成立，最後要看我們在這個

經驗世界裏所做的觀察或實驗是否印證那些命題的內容。可是像畢氏定理或笛摩根定律或格德爾不完全性定理或者 $2+3=5$ 等等是否成立，那就要看我們的（數學）概念系統中，由我們的界說和推論規則（邏輯）能否得出該等結果。

雖然上述兩類命題和兩類理論可以有各自的內容對象和印證原理，可是這並不表示這兩類理論或命題一定必須涇渭分明，而不可能參合在一起。事實上，在一個邏輯理論中，除了要顯示其經驗作用或實際應用之外，我們可以完全不觸及外在世界的現象。比如，數論可以只用來研究自然數、有理數、實數等的性質和關係，而不必計較其定理定律在感官世界裏做何解釋。不過為了顯示實用，我們也可以將數論中的命題加以適當的經驗內含（解釋）而應用到經驗世界的計量、運算或描述之需。可是經驗的理論就大為不同。一個成熟的經驗理論絕少可以完全排除邏輯理論的命題，清一色地只含有經驗性的命題。事實上，每一個經驗理論當中，全都明顯地或隱含地含有邏輯性的命題，充當該理論的關係架構或推論功能。這是因為每一個經驗理論全都要講究概念與概念之間的邏輯關係、事物與事物之間的數量變化或結合關聯等等。邏輯與數學這兩門邏輯理論學科，剛好用來充當此種用途。平時，我們比較注意到數學在經驗理論中的運用（比如微積分之用於力學理論），而甚少注意到邏輯在經驗理論當中的應用。這是因為邏輯在所有的理論當中無所不在：凡是理論必有推理，凡有推理必用邏輯。到處充斥的東西反而不易引起我們的注意，我們反而沒有明顯地察覺它的存在。

不過邏輯理論或邏輯性的命題往往不是以它純粹邏輯（或純粹數學）的本來面目存在於一個經驗理論之中。也就是說，通常一個經驗理論並不直接而簡單地包容一個邏輯理論作為它的一個理論部份，充

當它的一個「子理論」。一般慣見的情況是， 邏輯理論中的命題滲透伸展到一個經驗理論的每一角落， 充當支撐此一經驗理論的形成骨架。這時邏輯性的命題業已穿上經驗內容的外衣， 隱藏其間，潛存作用。這也是為什麼邏輯性的命題在一個經驗理論當中易被忽略，不太惹人注意的原因。

比如，當我們把幾何應用到力學上時， 出現在力學理論中的，已經不再是純粹幾何上的定理，而是像 「力的平行四邊形定理」， 在幾何命題上穿套著力學概念的外衣。

數學命題加上經驗解釋而存在於一個經驗理論的內部，此種現象還比較容易察覺，因此比較容易指出。可是邏輯因其無所不在，反而隱藏不顯。有時我們只能在經驗理論中的命題之間，見到有「因為」、「由於」、「所以」、「是故」……等等的字眼，而警覺到它的存在。

根據上面所說的， 我們知道： 一個邏輯理論固然經常無需含有「經驗的成素」，可是一個經驗的理論（尤其是一個成熟的經驗理論）卻經常含有「 邏輯的成素 」。邏輯的成素令一個經驗理論顯現出它的架構，並且呈示出它的系統性。

上面在論及概念時我們已經強調過人類的創造成分。在考慮經驗理論的邏輯成素時， 我們也同樣不可忽視這方面的特質。

一個經驗理論所要處理的對象固然是外在世界的事物與事件， 但是我們並非漫無目的， 全無選擇， 隨遇而安， 聽天由命地去處理對象事物與對象事件的。如何劃定所要處理的對象範圍，如何指認哪些屬於選定範圍的事物與事件， 以便進行觀測、 計量、 分析、 比較、 實驗、 鑒定等研究程序，這本身已經是一個頗為繁複的問題，因為往往就在這個起初開步的階段， 所需的概念已經慢慢在形成 、 消失或變型；初步的臆設和構想，也逐漸隨著概念的定型與對象的把握而一步

一步地呈現出它的確定面貌來。所以，我們雖然可以說，對象的性質決定我們觀察實驗的結果，可是，另一方面，同等重要的是觀察實驗的方法 —— 包括所用的概念和暫時懷有的見解和主張 —— 卻決定著我們觀測到對象的哪些方面的性質。在一個經驗的考察裏，我們並不需要，也無可能，把握對象每一方面的每一性質，我們的觀察角度、實驗設計、研究策略和所持的概念與理論（假設），大大決定了我們所考察到的結果。

所以，從這個角度看，我們也可以清楚領略到人類的創造性在形構理論與發掘眞理的程序中，所扮演的重要角色。此種認識也令我們更能體會到一切科學的研究（事實上包括一切的理論構作）都是一種文化的、歷史的、社會的，並且也是個人的創作。科學或其他經驗理論的形成有它的進行軌跡或傳統，但它同時也包含在更大的文化傳統之中。

3.　科學的理論及其證立

在這裏，我們所要討論的是所謂經驗科學的理論。經驗科學的理論是一種經驗理論，它們正如上文說過的，含有經驗的成素，也含有邏輯的成素。它們是一系統一系統的命題。

在科學裏，我們不但有一個一個的命題，同時還有一個一個的命題系統。我們稱之爲理論。這是我們上文所說過的。可是，同樣值得我們注意的是，我們不但有一個一個理論（命題系統），同時還有一個一個的理論系統（命題系統的系統），我們可以稱之爲一個一個的「理論羣」或「理論族」。

所有的經驗科學到最後是否可以成就一個單一一貫的理論羣，這

是一個遠未實現的夢想，也是一個富有哲學爭論的難題。這點我們不在此加以討論。不過我們談及理論和談及理論羣的時候，我們並不假定一個理論羣和另一個理論羣之間，一定要互不相悖，通融一貫。事實上，在科學的領域裏，經常有互不通融，彼此相剋的理論（或理論羣）互相角逐，各行其道。

我們這樣說，並不表示在一個理論羣裏，也可以有互相衝突，彼此矛盾的理論存在；或者在一個理論當中，也可以有此種現象的命題存在。如果一個理論羣中的各理論互相衝突，我們就不稱其爲一個理論羣；如果一個理論中的各命題彼此矛盾，我們就不稱之爲一個理論。也就是說，我們所謂的理論羣是內部一貫的理論系統，我們所謂的理論也是內部一貫的命題系統。這是我們在討論時，用字遣詞上的基本假定。

一個科學理論中的命題需要有外在世界的經驗證據的支持。但是，在一個科學理論當中，並不是每一個命題都在同等意義以及同等份量之下，接受經驗論據的支持。我們說過，一個理論是一個命題系統，一個命題系統裏的命題是有本末先後的次序結構的。就以如何接受經驗證據的支持這一點來說，我們可以說，在一個理論裏，有些命題比較接近理論核心，另外有些命題比較靠近經驗末梢。比較靠近經驗末梢的命題通常可以使用觀察實驗等方法，由經驗證據比較直接地加以印證。可是那些比較接近理論核心的命題，就沒有這麼直接的經驗給證的辦法，它們往往要通過邏輯的涵蘊網絡，跟理論裏的其他命題層層相依，步步環扣，最後從靠近經驗末梢的那些命題那兒，獲得間接的經驗支持。

一個理論羣裏的情況也是一樣。在一個理論羣裏，有些理論所要處理的對象比較接近感官經驗的事物與事件；另外有些理論所要探討

的對象比較遠離感官經驗的事物與事件。在接受經驗證據的支持時，前者比較直接而有力；後者則往往通過其他理論的邏輯關係，層層相依，最後間接地獲得了經驗證據的支持。

　　所以理論之中的系統性，以及理論羣裏的系統性，全都是極爲重要的邏輯關係。由於在一個理論當中，並不是每一個命題都直接與感官經驗發生關聯，可以直接接受感官經驗的給證，整個理論的命題系統的經驗給證，就得靠接近經驗末梢的命題所獲得的經驗支持，加上命題系統間的層層邏輯結構關係，步步上推，而獲得經驗上的證立。

　　理論羣的情況也是如此。

　　因爲命題與命題之間，或者理論與理論之間，具有系統上或邏輯上的脈絡關聯；它們彼此之間，又有知識論上的本末先後，輕重高低之分，所以要爲一個理論或理論羣提供支持，證其成立，我們就不完全只是依賴感官經驗上的證據。

　　一般來說，對於一個理論或理論羣，我們可以提出兩個不同種類，不同層面，或不同方向的支持給證方式。一種可以稱爲「經驗的」證立方式，另一種稱爲「邏輯的」證立方式，或稱爲「理論的」證立方式。

　　一個理論（或理論羣）的經驗證立主要得自它的說明力和預測力。所謂一個理論（理論羣）的說明力之高低，決定於理論（理論羣）對於已經接受處理的對象所道說的，跟我們在這些對象中所觀察探考的結果，兩者之間是否符合而定。兩者若符合，則該理論（理論羣）有說明力；兩者若不符合，則它沒有說明力。符合的程度愈高，其說明力愈高；符合的程度愈低，其說明力也愈低。根據這樣的界說，一個理論（理論羣）的說明力是針對目前我們已經把握到（包括過去記錄過的）的對象來說的。但是，一個理論（理論羣）很少設計

來應付有限制的某一集特定的對象。不然的話，這樣的理論（理論羣）也就太容易構作，它的說明力也就成了一蹴而幾，易如反掌之事。正好像通過有限數目的點，我們可以畫出數目無窮的曲線一樣，只爲了說明有限制的某一集合的對象時，我們可以輕易地提出不計其數的理論（理論羣）。所以一個理論（理論羣）的預測力，在理論的證立上，也是同等的重要。一個理論（理論羣）的預測也是取決於它對於對象所道說的，跟我們在這些對象中所觀察研討的結果，兩者之間是否符合而定。同樣地，兩者若符合，則它有預測力；兩者若不符合，則沒有預測力。而且也同樣地，符合的程度愈高，其預測力愈高；符合的程度愈低，其預測力也愈低。所不同的只在於：說明力是針對已經把握到的對象而發，可是預測力卻要照顧未經觀察研究，或未經收集記錄的對象。說明力和預測力兩者合起來，含蓋了一個理論（理論羣）所要處理，或所應該處理的所有對象。這是一個理論（理論羣）成立的經驗基礎。

一個理論（理論羣）的邏輯證立或理論證立，情形則很不同。這種證立方式不是訴諸經驗的證據，而是乞援於命題與命題之間，或者理論與理論之間的邏輯關係。粗略地說，如果兩個命題的其他方面大致相同，其中一個受到已經被接受或被證立的理論的支持（比如與它一貫），另一個沒有受到支持，甚至遭到排斥（比如與它不一貫或互相矛盾），那麼前一個命題比後一個命題被證立的程度爲高。這是就兩個命題來說。兩個理論之間的情況也完全相似，因此我們不再加以贅述。

比較準確地說：若 T 爲一個已被證立的理論，T 邏輯地涵蘊 P_1，但卻不涵蘊 P_2，假若 P_1 和 P_2 在其他方面的可證立性相若（比如全都有或全都沒有經驗證據的支持），那麼我們說 P_1 比 P_2 可被證立

的程度爲高。

　命題可以在邏輯上支持其他命題，理論可以在邏輯上支持命題或其他理論；同樣地，理論羣也可以在邏輯上支持命題，支持理論，或支持其他的理論羣，這是科學理論當中很重要的證立環結，也是我們在科學理論中爲什麼要講究和強調系統性的重要原因。

4. 科學與非科學之間

　所謂科學活動是許多不同種別的求知活動的槪稱。所謂科學硏究的對象複雜難分，種類不一。所謂科學的方法精粗有別，形式各異。同樣地，所謂科學的理論也造型不齊，結構紛紜。因此，不管從活動的內容看，從所要探討的對象看，從所使用的方法看，或從所構作出來的理論成果看，所謂科學並不是一個單一性的，齊一化的，精密準確的槪念。

　事實上，我們可以說，科學是一個含混的槪念，或者是一個「乏晰的」槪念。也就是說，科學與非科學之間的界限不是一淸二楚，而是暗晦模糊的。

　「科學」這個槪念如此，「經驗科學」這個槪念也是一樣。我們在這兒要說的，主要是針對經驗科學而言。

　雖然科學是個乏晰的槪念，但這並不表示我們因此就不能對科學加以認眞道說。一個乏晰的槪念所代表的事物，雖然不宜採取本質主義的觀點來探討，但卻依然可以選取其典型個例或明顯的代表來加以討論。

　從功能的角度上看，科學的活動顯然有兩類不同的目的。第一，追求知識，建立有關客觀經驗世界的眞理。第二，講究實用，爲發展

技藝（科技）提供指導性的理論基礎。科學理論就是這種追求活動的成品結晶，而科學方法則是獲取這種科學理論，因此建立科學知識，所需運用的手段或原理。

可是不管我們所懷有的是實用的或非實用的目的，也不論我們最後建立的是什麼樣的理論，獲得什麼樣的知識，號稱是（經驗）科學的，顯然在或多或少的比例上必須具備一些條件。比如：(1) 科學是以獲取（經驗）知識或發掘（客觀）真理為目的的。(2) 科學是合理性的，它必須講究證據支持，考慮證立問題。(3) 科學是講究一貫的。(4) 科學是講究系統性的。甚至加上：(5) 科學是講究實證的。

由於科學是個乏晰概念，什麼是科學也就沒有一清二楚並且獨一無二的本質性徵可言。所以上述的五種特徵並不構成科學之為科學的充分而又必要條件。不過，一種理論要給當作是科學的話，總要在適當的程度上滿足上列的各個條件。這是一些「工作假定」或「運用界說」。我們因此也以它們來衡量某一理論的科學性——或其所含的科學程度。

不過除非是為了做分類，否則科學的與非科學的，這兩者之間的簡單劃分並沒有什麼重要意義與功能。有時強作如此之區別反而有害無益，因為那時這樣的劃界容易變成政治上的劃界，而不單純停留在學術的區分之上。一旦牽連到政治上的劃界，我們更要特別小心，不要將科學等同為進步的，前進的；而把非科學等同為退步的，「反動的」；更不要將非科學的，看作就是反科學的。

5. 科學傳統

從上文所說的看來，我們可以進一步說，科學是大的文化傳統

中，追求（經驗）知識，講究合理證立，試圖建立一貫性系統的小傳統。可是從另一個角度看，科學並不是恆久不變，獨一無二的一個求知傳統，在科學的傳統之中，因時代，因地域，因社會，因個人之種種差異，形成了許許多多不同或不盡相同的個別傳統。所以，科學這個傳統是大文化傳統之中的小傳統，同時它又是包羅不同小科學傳統的大傳統。

我們都知道，舉凡（文化）傳統都是在演化、嬗變、定型、再演化⋯⋯等等的過程當中，科學傳統自然也不例外。如果我們細心追查歷史，從頭問起，那麼我們內心也就不得不清楚地浮現出一個大問號：科學只有一個傳統嗎？

設想一下西方古代那種重視圓融體系，喜愛完美概念，考究目的因，擅長邏輯演繹的科學傳統。中古那種服從權威思想，寧可重新解釋事實，不注重感官經驗證據，讚賞上帝造物神妙的科學傳統。或者號稱現代科學那種講究客觀實驗，強調計量分析，造物主退位，人本主義思潮風行的科學傳統。現在是二十世紀末葉，二十一世紀的科學傳統又會是什麼樣的一種面貌呢？

由於科學是一種有目的性，講究素質，注重標準的嚴肅文化活動，但是由於這些目的和素質等價值標準不能只由科學本身來加以決定，因此，一個科學傳統所在的文化傳統，就成了孕育科學滋生，督促科學成長，檢討科學方向，評價科學成果的基礎力量。科學不只需要系統內部的精進，同時也需要系統外部的批評，道理就在於此。我們不只需要科學，而且同時也需要科學的哲學。

在一個文化傳統中，當科學活動雷厲風行，科學思潮澎湃激盪，科學方法所向無敵，科學成果興旺豐碩的時候，整個文化傳統容易被科學所主導，所淹沒，所支配。科學成了文化傳統中的顯性傳統。甚

至整個文化基調呈現出科學一枝獨秀的局面。整個的文化成了「科學的文化」。二十世紀常常被稱爲科學的世紀，理由也在此。因爲二十世紀的人類文明中，百事皆廢，科學獨尊。文學、藝術、哲學都被遺忘、被忽視、被貶值，只有科學崢嶸頭角，日臻日興。

可是卽使在這樣的科學獨斷的世紀，其所在的文化母體（尤其是文化中的哲學）仍然必須努力發揮評價上的激濁揚清和指導上的中流砥柱的作用。我們這個時代特別需要努力開展科學的哲學，就是這個緣故。

舉例來說，在二十世紀的科學哲學的原野上，曾經衆說紛起，風雲變幻。起先是主觀的感覺主義不能爲科學的理論形成提供合理的成立基礎，加上新康德學派和黑格爾主義似乎又無能促進科學的開展，甚至有礙科學的進步，於是有邏輯實證主義在三十年代的平地雷響，風起雲湧。信持此種主義的哲學家倡議以邏輯分析爲工具，爲科學的實證本質提供合理的生成基礎與核驗依據。他們倡議建立「經驗有義性」（認知意義）的判準，藉以劃分科學與玄學的理論，爲科學清理門戶，令它更加純正不雜。這項哲學的努力在歷史上雖然基本上失敗了，可是因之而繼起的哲學反思卻把二十世紀對科學的考察檢討帶到史無前例的高峰，成就了不可忽視的二十世紀的科學的哲學的豐富內容。二十世紀的科學哲學家在此一潮流的濫觴風行之下，批判了科學中那狹隘的實證主義，激進的運作主義（操作主義），以及實在論式的行爲主義。這樣的方法上與原理上的哲學批判，蘊涵着對於當代科學傳統（或科學中的小傳統）的文化反省和文化評價，使科學思潮不走入歧途，不掉入迷惑。比方，將來重新開展的「認知科學」就會比本世紀初葉或中葉的心理學，更加成熟，更加健全，更加合理。這是科學哲學可望企及的文化貢獻。

另一方面，就一種文化評價的需要來說，科學的哲學應該趕緊大力發展「科技的哲學」。二十世紀是科學的時代，同時也是（而且可能更是）科技的時代。科技的發展正好像科學的發展一樣，也應該是有目的性的，也必須講究發展的方法與方向。可是當今之世，科技的發展在商業主義的刺激風行之下，尤其是在消費主義的興風作浪之下，正在胡亂發展，盲目前進。作為文化潮流的一環，我們必須正視這種科技潮流是否合理，是否健康，是否有益人類文明。

總之，把科學當作是一種文化傳統來看，我們應該對它加以哲學的反思和批判。我們可以從內容上、方法上、目的上，為科學提供比較合理和比較健全的開展方向。

6. 後語: 評價問題與「願然性」的開發

在結束本文之前，有兩個問題亟需立即補充，以幫助對上文的論說做出比較全盤和比較透徹的瞭解。

第一，我們在上面的討論中，提到科學理論的證立問題。這是一種證據的支持問題，包括經驗性的支持和邏輯性的支持。可是，如果我們談論科學傳統，尤其着眼在科學傳統中，各種科學理論的興衰存亡，前仆後繼，那時我們所考慮的可能不只是證立問題，甚至根本不是證立問題。我們所注目的是科學理論的可接受性問題。

從科學的社會學的觀點，或者從文化發展演變的觀點看（而不只從知識論的觀點看），在科學發展的過程中，並不是經過證立了的理論，我們才接受；也不是經過反證立（否證）了的理論，我們才加以排斥。在一個文化傳統中，為了知識的追求捕捉，我們需要有理論，沒有完善的理論之前，不完善的理論也可以暫時充數。相反地，當我

們看見有了比較完善的理論出現時，現在持有的理論，卽使未經否證，亦可立卽加以捨棄。雖然這樣的講法有失過分簡化，但其意思則甚明白：理論的證立和理論的可接受性是兩個不同的概念。前者是個知識論上的概念，後者卻是個文化價值的概念。談論理論的證立與否時，我們所關心的是客觀性問題，是眞理性問題。可是談論理論的可接受與否的問題時，我們所關心的是功效性問題，是價值上的問題。

所以談論科學傳統的時候，我們遲早會遭遇到對某一個科學傳統的評價問題。我們必須答覆：我們是否只能在一個科學傳統中，評價該傳統？我們能否跨越科學傳統，交互評價？如果可能，價值安立的基礎到底在哪裏？

這類的思索帶引我們到上述的第二個問題之上：文化價值的安立問題，或價值的基礎問題。

我們都知道這個世界不是一個理想的美好世界，我們也都常常希望努力把這個世界帶向一個比較美好、比較理想的境界。旣然這個現實世界本身不是理想美好的世界，因此人類的價值理想性就不是以現實性作爲它的評判標準。那麼，人類的理想性和價值性由何產生的呢？傳統哲學中的應然規律也無補於事，因爲它本身也得尋求價值上的根據。爲要解決這種根本問題，我們旣然無法訴諸「實然」，亦無法託付「應然」，我們只有努力設法另闢途徑。

化簡來說，作者以爲價值的最後基礎在於人類的自許，在於人類對這世界的寄望，在於人類對人性（包括理性和感性）的祈願。這些根本上是人類感情衍化生成的，是人類在文化中建立起來的「願然」事物。價值不建立在實然之上，不建立在應然之上，而建立在願然之上。

可是人性也是在文化傳統中演化出來的事物，因此價值也再重新

不斷回歸到文化傳統之中，交付辯證式的發展。

　　　　　　　　一九八七年九月二十七日完稿

　　　　　　　　於廣州中山大學專家樓（荊園）

（本文係根據一九八七年九月二十四日作者在廣州中山大學
　　哲學系之演講內容寫成）。

概念、經驗和語言

——釐清、闡釋和開拓之間

1. 文化與人性：「語言」的關鍵角色

　　人是文化的動物。他不只是生理衝動和本能反應的動物。卽使是那些明顯或隱含地具有生理衝動的動因之表現，以及直接或間接關聯本能反應的行為，人類也無需一條鞭地只依從生理衝動的因果，順照本能反應的局限。人可以抵制生理衝動，或將之變形轉向；他可以抗拒本能反應，另外選擇行為規範。廣泛地說，人類無需必然依從與生俱來的內在本能，而有可能創造改變自己的生活內容和生命取向。這是人類遠遠超乎其他動物之處，也是「人為萬物之靈」最主要的憑據。

　　作為文化的動物來說，人類的成就並不是一蹴而幾的。從原始人到現代人，我們經歷了一個漫長的演化進步的過程。當然這個過程不是完全單純的直線發展，其演化進步的速度更不是全面平均性的等量增值。我們有理由相信，自從人類出現以來，起先有一段極長極久的時間，人類文化的進展極為艱苦，極為緩慢，極為重複而單調。每一個世代的生命形式幾乎就是前些世代的生命形式的投影，甚至連個人的生活內容基本上也是前人生活內容的復印。那時人類離開現在我們的觀念中的文明人的形象極為遙遠。生理的衝動固然是絕對多數行為的動因，本能反應更是那時的人類的人性之鮮明寫照。基本上，在那段漫長的日子裏，人是一種生理本能的動物，他是一種「本能人」，

人是一種天生自然的動物，一種「自然人」。

這樣的自然的動物怎樣演化成為文化的動物？從自然人到文化人的過渡之間，人類在進化史上發生了什麼大事？人類原來的「本能人性」怎樣經歷這場進化的蛻變而演化成為今日我們所熟悉的具有目前的理性形式，也具有現在的感情內涵的「文化人性」？

這幾年來作者屢次提出「人性演化論」的觀點，其中最基本的論旨是：人性是文化的產物。當人類完全受制於天生自然的行為反應時，他們停留在本能人性的階段，這時他們的生命形態和生活內容中，少有我們所謂的「文化」成分❶。可是反觀現在，我們有那一種有意識的行為和動作沒有披上文化的外衣？小自微不足道的擤鼻涕、吐痰、打嗝；大到繁文縟節的風俗儀禮，細密複雜的典章制度，以及豐富多樣的知性和感性的建構和成果，全與我們所謂的文化傳統密切相關（不管這樣的傳統是大傳統，或是小傳統；是主傳統，或是次傳統；是正傳統，或是反傳統）。人性是在這樣的文化傳統之下造就的。

表面上看來，這是一種頗為奇怪的想法。因為這樣的人性演化觀和傳統上我們所接受的人性論在根本上互相牴觸。它不只在本體論上放棄古來那種本質主義的人性構想，因此似乎隱涵著一種特定意義的「人性不定論」或「人性未定論」；可是另一方面，它卻又因為認定人性是文化的產物，所以帶著強烈的「文化決定論」的內涵。

是的，這基本上正是作者所要主張提倡的人性進化的構想。也因為在這樣的人性觀之下，作者認為我們可以談論並且展望二十一世紀的人性——談論和展望二十一世紀的理性和二十一世紀的感性❷。同時，面對遙遙無際的未來，我們有理由去認真檢討人性演化的方向，並且參與維護我們的生命指望和重建我們的生命理想的（文化）「人性工程」❸。

　　說到這裏，我們應該馬上停下來澄清一件事（或算是釐清一個概念或語詞的用法）。我們一般談論人性時， 大家不一定想著同一個指謂目標。有些人可能將人性想成像是一個形上的「黑盒」， 不可知其內容，甚至不能將它打開曝光。另外有些人可能把人性當作是從心理學的觀點看可以查驗測知的行為反應方式。當然， 從神秘的形上(學)的極端，到實證的心理（學）的極端之間，可有種種不同的品種類別和程度差異，我們不在這裏詳說。我們所要採納的作法是，先不落入形上的或是經驗的二極區分，暫時將人性當作是一種「理論元目」。不過,我們需要注意令我們對人性的談論變成可以爭論，比對和批評，甚至可被加以檢證或被反檢證。

　　我們一開始就說「人是文化的動物」。做為動物， 他和其他非文化動物或不甚（有）文化的動物之間依然有它的類似性。因此，我們才提起自然人性或本能人性。可是做為一個整體的人而言，不管是從個人加以考慮，或是從羣體加以觀察，整體人性中的本能自然成素和文化後天成素都不是完全依照死板的配比、關係或規律而衍成行為，創發表現的。人類生活在非常複雜的生態網絡之間，包括自然生態網絡和文化生態網絡，而這些網絡又決非清楚明確，條理井然，完整齊備， 聯貫統一；所以， 人類的舉止行為常常受到極為複雜繁多的生態因素所制約，甚至受到非常奇特的生態條件所影響。人類到底有多少赤裸的本能人性， 又有多少修飾過的文化人性，它們的交互作用又是如何，這不是一些簡單的問題。

　　說了這些之後，我們或可比較安心地使用簡化的語言來陳述道說一些複雜多變的事項。我們描構出來的是簡化了的相貌，我們所使用的語言和敍說方式是理想化和製模過的。

　　現在讓我們回頭發問：人類怎樣由自然人過渡到文化人？怎樣由

幾乎只具備本能人性發展到文化人性突顯，甚至文化人性居上的地步？

作者要在這裏提出一個假設主張❹（這個假設主張已經出現在作者其他的論著之中)❺：在人性的演化過程裏，「語言的出現和使用、改良與重構、普及和局部統一、有系統的「符號」化和有效的「文字」化等等，令人類決定性地由本能人性跨入發展文化人性的門檻。

這裏所說的「語言」，廣指人類使用的一切表意媒介，而不局限在今日我們所熟悉的特定的符號系統。作者所提出有關人性演化論的論旨是：人性是文化的產物，而人類的語言發明和語言使用造就了我們所認識到的特定的人性內涵，包括我們的理性內涵和我們的感性內涵（參見注❶）。

不過，這些不是本文的主題，然而卻是本文立論的背景根據。

2. 概念、經驗和語言

有了以上的背景假定的概述之後，我們也就很容易瞭解爲什麼古來擅長追根究底的哲學活動經常和語言的分析密切相連。我們對於二十世紀這麼講究方法的自覺和重視理論系統的基礎透視的時代，哲學家爲什麼仍然鍥而不捨地對語言加以「專注」，也就坦然領會❻。

語言出現之後，人類進入一種前所未有的生態環境。以前，在自然的生態環境裏 —— 包括其他人也在的世界中，人類雖然不能自外於自然律，因此不能眞正的爲所欲爲。可是人卻無需努力去維護自然的律則，使其繼續發生作用而不失卻功能。相反地，人可以像其他動物一樣地使用暴力、撒野、「不講理」（比如弱肉強食，比如逞己之欲無顧他人）；但是卽使是強者，甚至是暴徒，他也不得不多少尊重語言

的規則。他不可以一味對語言施發暴力，對它無故撒野，對它亂不講理。語言規則是人類最早開創的規則，那也是人類最早有意盡可能不亂加破壞，除非不得已盡可能加以維護的規則。我們有理由相信人類最早的語言是一些「強者」的語言。強者而能不逞強，這是人類理性的發端。事實上，這種「存他」的心態，也是人類感情的根源。

　　語言的使用在多方面鑄造人類的理性和人類的感性。語言的傳統令這種文化人性持續和加強。當然我們在這裏所說的不限於任何一種區域性、民族性的表意系統。我們說的是任何語言都會帶來的通性。不過，由於各種不同的個別語言，在內部的規則上有所差異，往往造就不同的理性面貌或感情內涵。試想，如果在一個語言中，「借」字沒有和「還」字具有應然的關聯，則使用和維護這種語言的人，其理性內涵不可能和我們一般的人完全相同。類似的，假若一個語言中，「愛」不是「恨」的對立詞，而是具有非同義但卻等範的關係，其使用者的感情形式也會與我們的迥異。從這樣的角度去追索，我們就明白為什麼一個語言和另一個語言的內容差異常常足以用來反映兩個語言社羣的文化傳統的區別。（我們還得立即再補充地指出：這裏所說的語言是廣義的表意媒介。）

　　語言要能具有我們心目中的種種複雜功能，它首先需要具備基本的表意功能。要能滿足表意功能，語言一方面和它的使用者發生關係，另一方面也和使用者的意向對象產生關聯。（後者就是我們常說的指涉或指謂問題）。語言要能扮演這個角色，它必須具有一些本身的屬性。其中一個很重要的性質就是抽象性。語言的表辭使用起來都是個別的事件，但是它們之所以能夠在個別的情境中不斷被人使用而依舊能夠完成表意功能，其中一個必要條件在於它們不是一些個別事例。比如，單字書寫起來雖然是個個別事例，但是在一個表意系統

中，它卻是一個抽象元目。微笑或者其他人工項目，只要是表意單位，全都如此。這樣的抽象性固然可以令語言的表意功能發揮無礙，可是另一方面它對我們所面對的變化萬千的世界，或者改換一個角度來說，它對我們殊多變異的經驗，就產生一種規限的作用。

讓我們看一看語言系統中一種比較簡單但卻重要的項目，就是一般我們心目中可以用來指謂某一類事物的「名稱」❼。一個名（名稱）所指稱的那集事物彼此之間，雖然可以面相殊異，細節有別，但卻具有共同或共通的特點（爲了簡單方便，暫時不考慮一個名稱的含混乏晰性）。這種共通或共同的特徵就是我們對該集事物的概念。所以，所謂事物的特徵或我們對事物的概念是些抽象的東西。它們是通過人類的認知活動而獲得的。（我們也暫時不介入心靈哲學的爭議，檢查概念的性質與地位。）可是人類的認知活動不斷在進行，我們的經驗因此也不斷在修正與增刪，於是問題就出現了。我們的語言有沒有跟著我們的新經驗不斷改進修訂，亦步亦趨呢？

由於種種的原因和種種的理由，語言並沒有緊密地跟隨我們的經驗或認知活動的結果而創新和改造。除了語言本身也自成獨立生命，因此具有常見的保守性和惰性而外，從積極方面看，語言作爲人類理性（還不說人性一般）的激發者和守護者，它不可能，甚至不應該，緊跟著人類經驗的更易交替而輕易地尾隨跟進，自亂步伐。因爲我們都知道，人生的追求不僅是知識的追求，卽使自限於求知的活動，常常那些活動也是局部的和片面的，它的成果也往往是暫時的和有待進一步檢驗的。可是語言是人生一切活動的「公器」，它甚至是人性的化身！

這樣說來，難道語言沒有可能修訂改變和再建創新嗎？當然不是。事實上，我們目睹語言的種種改進和變遷的現象。我們甚至可以

提倡和進行語言改革（比如文字改革、「身體語言」改革等）。可是在根本處，語言（廣義的表意系統）隨人性的演變而演變；或者反過來說，人性隨語言的演變而演變。

可是人類的活動（包括認知活動）不斷在進行，甚至不斷在精進，人類不斷地擁有與日俱增，日新月異的文化成果；這些成就也不斷需要表意媒介促其進行，幫它完成，甚至助它推廣傳播。難道這樣的文化上的新成就沒有帶動整個的人類語言急遽地朝向一個新的方向全面發展嗎？答案是：並沒有，或者至少到現在還沒有。

晚近這幾個世紀把人類活動的分工現象逐步推展到很徹底的地步。我們的語言也跟著分離發展，隔裂重構。現在我們明顯可見的現象是語言之中有種種語言，或者也可以說語言之上有許多語言。這個「大」語言和種種「小」語言之間，以及各個小語言彼此之間，當然不是完全隔絕，氣息不通；事實上，衆多小語言都直接或間接通過大語言的幫助而建構起來的，一般人甚至往往要大量借助大語言為媒介，才容易瞭解領會各個不同的小語言；可是它們之間的關係卻可以說既不穩定，也不劃一。從「語言決定論」（語言決定人性）的觀點看，在當今之世，大語言所決定的人性傳統正在接受某些（雖然不是全部）的小語言所陶冶出來的人性小傳統（有些小傳統是大傳統的反傳統）之挑戰與衝擊，並且對它們或多或少也做出不同程度的反擊。在這樣的互相作用下，人性將朝著新的面貌演化。讓我們從一個特定的角度去闡述這個現象。讓我們從二十世紀分析哲學中的兩個小小的方法說起，作為窺伺問題的窗口。那兩個方法是「釐清」（clarification）和「闡釋」（explication）。

3. 釐清、闡釋和開拓之間

我們上面說，現在我們文化裏有一個大語言，大語言之上有許多的小語言。粗略地說，我們可以將這個大語言想成我們日常的語言，而將這些小語言想成是種種的專技語言（專科語言），比如科學（理論）的語言、哲學的語言、藝術的語言等等❽。值得我們注意的是這樣的大小語言之間，固然有它在基本表達功能上的類似性，但是它倆之間也因為具有重要的差異性，因此影響甚至決定它們在其他「高階」功能上的有效性❾。不說別的，日常語言比較沒有嚴格細密的結構，但它所可以用來含蓋的人類經驗面也非常廣大，它的作用也多樣分殊。可是一般的小語言的內部規則或者比較清楚明確，它所要應付的人類經驗卻比較局限狹小，它的功能也相對地單純有限。

在現代重科學重知識的傳統下，二十世紀的分析哲學曾經極力「專注」語言認知的用法，有些人甚至自覺地認為或不自覺地假定語言的認知用法是最重要和最值得關心過問和研究考察的語言用法。在這樣的背景下，追求語言使用上的準確性就成了一個很重要的方法要求。可是語言使用上的準確性很容易被認為就是語言內部的精密性❿，因此有一段時間，分析哲學家忙於設想和構作精密的（語言）系統。在那樣的風氣之下，許多討論的第一步驟常常就是將討論中所涉及的重要概念或語詞加以「釐清」。釐清是明定概念或明定語意的活動，它因為限定了概念和語詞的內涵（或外範），因此方便了討論的進行，避免大家在討論中所指紛歧或意含有異；有時這樣的活動甚至有助於相異見解的消解，達成共同的結論。可是也有時候——而且這種情況並非不常見——我們雖然比較清楚地談論問題，但卻並沒有比

較有效地解決問題。我們雖然使用了精密的語言，但卻放走了原來的問題！

　　許多人對於二十世紀的分析哲學懷有一種無力感，其中一個主要的原因是我們把原來在大語言裏頭陳述結構出來的問題，「釐清」再製，轉化爲分析哲學裏的小語言（比如邏輯分析的語言）中的問題。接著努力在小語言中加以解決。可是當我們在小語言中獲得了答案之後，釋放回大語言中，發現並不能滿意地令人接受成爲原來問題的解答。這是小語言和大語言之間的緊張衝突，也是「小」理性和「大」理性之間的互相挑戰與迎拒的例子。哲學的關懷往往不只是一小羣人之間的專業關懷，而是一般人的文化關懷，因此它所面對的這種困境也就特別尖銳。

　　卡納普是有系統地創作和使用分析哲學的小語言的出色哲學家。他把有系統的概念（語詞）的釐清重構稱爲「闡釋」。依照他的作法，闡釋活動是使用一個精確的系統內（小語言內）的概念（語詞）來取代一個與之相應的前系統（大語言）中的概念（語詞），以方便解題活動的進行。當然闡釋不是隨意亂做的。我們必須能夠合理地說明爲什麼以新概念取代舊概念。所以亨波爾就喜歡將這樣的闡述稱爲「理性的重構」（rational reconstruction）。此處「理性的重構」一詞雖然只是被用作普通一般的意義，然而放在我們現在提出的語言決定論和理性演化論的構想之下，這樣的叫法是有它新鮮而動聽的內含。

　　在人類的文化史上，數學、邏輯和科學等小語言都曾經被用來「重構」我們的理性。我們要檢討二十世紀的分析哲學的得失，其中一個觀看的窗口就是檢查它是否有助（或者怎樣幫助）人類理性的重構。當然我們所關心的不只是人類的理性，我們還關心整個的人性。我們要怎樣發展開拓我們的語言，怎樣發展開拓我們的人性？

　　（從這個角度看二十世紀的日常語言學派，雖然有時淪為雕蟲小技，但是對於日常語言的關心卻是一個值得讚擁的探索方向）。

　　　　　　　　　　　　　　　　　　一九八九年十月二十七日

注　　　解

❶　這裏說的是「文化」，不是「文明」。文化與自然相對，文明和野蠻互比。一個有了文化的人也可以是個野蠻人。他秉承某種野蠻的文化。

❷　人性之中不一定只有理性和感性，也不一定得如此排列對比。我們在此只是採取一種慣常而方便的說法。

❸　除了文化的人性工程之外，我們也可以設想生物的人性工程，用以改進人類的本能人性或自然人性。當然整體人性之重建可以在這兩方面互相配合，攜手並進。

❹　一個「假設主張」從知識論的地位上說是一種假設，它需要依賴其他知識之助來加以證立。可是由於它往往具有很基礎性和根源性的特點，證立起來往往極為困難費事。在這情況之下，為了討論上的需要，我們先將它當作方法論上的原理，並且以它在研究推進中所得的成果，反過來對它加以「實效上的證護」。

❺　例如，在＜方法論與教育＞一文裏，作者曾經如此寫道：「人類創作和使用語言，語言反過來造就人類──造就人類的理性；造就人類的感性；造就人性！」此文現收於作者所著《文化、哲學與方法》之中，臺北，一九八八年出版。引文見頁64。

❻　許多人（包括一些哲學家）喜歡用「轉向」一詞。比如把二十世紀的哲學說成是（對）語言的轉向（linguistic turn）。如果對某事的「轉向」意味著對他事的「背離」或「背棄」，我們不如改用「專注」或「注目」。固然對一事之注目往往令人無法同時對他事加以同等程度之注視，但卻並不意味對他事之忽略或揚棄。比如，二十世紀的分析哲學決非像有些人所想像的，

只停留在語言表面的層次；只是為語言而語言，為分析而分析。

⑦ 在中文的用法裏，「名稱」和「名字」的不同在於前者指的是類名或集名，後者指的是專名或單名。

⑧ 這些小語言要怎樣「個分」（個化問題）是件困難的事。好在我們無需在這個討論裏面對這問題。我們可以暫時以專科的一般分界當做專技語言分界的指標，但是必要時也可以以某一專科內的某一理論，當作一個語言。

⑨ 比如音樂的語言（五線譜）善於用來表情，卻難以用來指令或罵人。

⑩ 把精密的說成精密的，那是準確的說法，把不精密的說成不精密，也是準確的說法。對付精密的概念我們使用精密邏輯，對付乏晰（不精密）的概念我們使用「乏晰邏輯」（fuzzy logic）。

藝術要怎樣評論？

——論「藝術記號學」的開發

0. 前 言

一般對藝術作品之評論往往容易流於派別之爭與門戶之見。本文作者認為充當公眾文化事物具有社會功能的藝術作品理應具有「可客觀化」的談論語言和批評方法。發展「藝術的記號學」是其中一個可行的途徑。

作者指出一般藝術記號學含蓋的範圍以及可資討論的問題，並且提議先由分殊的個別藝術形式的記號研究着手。等分門別類的藝術記號學有了充分發展之後，一般性的藝術記號學理論也就容易水到渠成。最後作者指出應該重視概念性思考之外的思索和演繹模式（比如圖象性思考），甚至開展「跨感」思考之研究，促進藝術記號學之開發。

1

日昨小停臺北，在《自立晚報》副刊上讀到兩篇論述「素人畫」的文字。讀後頗多感想。其中亟待一說的是，我們需要深入探討我們評論藝術創作活動以及評論藝術成品時，所使用的語言和方法論，以及所依據的價值觀和哲學基礎，以便令我們對藝術的談論具備較高程

度的「客觀性」。至少在意見紛紜、爭議不休的情況之下， 我們知道怎樣將大家的討論加以「客觀化」，從而擴大或加深共識基礎， 增加可以交流對談的廣度和深度。不然的話，藝術的討論就容易流於門戶之見的重述、加強和極端化；最多兼而各自徵引歷史發展，指出時代需要，甚或訴諸大眾心理；久而久之， 壁壘更加森嚴， 對立益形尖銳。

所以，這篇短文的主要目的不是爲了批評上列論述素人畫的文字（作者手邊已經沒有該日副刊），也不是爲了指出在藝術的流派中，何者比較正確或比較可取 。 這裏所要提出的是在藝術的談論中，「客觀性」或「可客觀化」是一個不可或缺的方法考慮。在這一點上，作者認爲努力開發「藝術的記號學」至少是其中一個可行的方向。

2

在尚未直指正題之前， 首先讓我們簡單地觸發一些邊緣的問題，以幫助我們建立比較清晰明確的認知。在藝術的思索和討論中，往往由於一些偏旁問題的糾纏，令中心論旨模糊不清。

挪開一點， 舉例來說，如果我們路經無人小巷，遙聞高樓深處抖落出一大堆我們認爲無組織、無技巧，令人聽來毫無意義的「人語」。這時我們雖然在無意之間略受侵擾，暫失內心平靜，但大約只好不予理會或含笑容忍。人除了使用語言表情達意之外，他有能力（也該有自由）牙牙學語，暗試啼聲；或者漫發苦悶，大作牢騷；當然也可以只求自己舒暢內心，抒發感嘆，對空拋出一些不講究組織、不注重文法、 不求人理解也不必讓人讚擁欣賞的語串 。 語言雖然是種社會建構，但它的確可以充當種種不同的個人私下的用途。

相反地，如果我們是坐在演講廳裏，見主講人口沫橫飛，語無倫次，比手劃腳，不知所云，這時我們就有理由提出質問，請求澄清；或者批判評論，要求解釋（當然，我們有理由如此做並不表示我們一定非如此做不可）。因爲這時我們並不是走闖他人私有的領域，誤聽他人無心爲其他聽衆吐發的言辭。我們理該有意而去，主講人也應該有備而來。我們把公開演講這種「語言創作」當作是語言這種社會建構的一種社會功能。

藝術的創作和藝術的作品也是如此。

就以繪畫爲例。如果我們只把它當作是私人領域的事情和事物，我們也許可以用筆只求自己過癮，設色只求自己舒暢；畫中是否表現什麼意象、意念或意境完全可以不在絲毫考慮之列，當然更加無需計較觀賞者能否理解，是否欣賞；也不必理會評論家怎樣接受，如何批評。在這樣的私有意義下，一個繪畫者自然可以不顧一切，只求自己「爽快」而作畫，正好像一個說話者可以只顧自己過癮而發音一樣。我們不是可以爲求「爽快」而搔癢，而扒耳，而令身體各種孔道發洩舒暢嗎？我們當然也可以使用聲帶，訴諸紙筆，使用畫布或感光材料尋求自己一時之快。

可是如果我們將藝術看作是一種具有社會意義的文化事物，情況也就完全改觀。當我們要將繪畫作品「示衆」展覽，供人欣賞，甚至進一步要求表達觀念，描繪意境，與人交流共感，博取他人同情瞭解的時候，我們顯然不只追求自己一時創作之快而已。

3

我們區分了文化事物的社會性功能和個人私下的作用。但是這樣

的區分在實際的應用上不必弄得過分死板，也不需加以絕對化。

第一，所謂個人私下的功能不一定僅用於創作者自己。比如，我們可以有存在夫婦之間而不加公開的閨房語言，也可以有介於情侶之內不足爲外人道的藝術形式；甚至，眞正知己之間，或許也存在着一些玄秘莫測無以釋說的「私有」事物。這類事情事物的特點是不必公開給一般社會化了的標準或原則去加以批評或指導。有時一經「公開」，反而令原來的事物變形走樣，意義全消。

第二，當然也可以有一些本屬私有的文化事物，因爲有其他人的欣賞、瞭解或同情愛好，逐漸被接納爲「公衆的」文化事物。接下去甚至可能蓬勃發展，蔚爲風氣。許多當今我們熱心繼承的藝術傳統，在形成之初，顯然並不是個個都是在瞬息之間成爲社會公衆的事物。文化事物的創造和發展可以由無意到有意，由不知不覺到有知有覺，由純粹爲了滿足個人的好奇和需要發展到社會上一般人可望通過學習和模仿而參與創作和改進的事物。

第三，在藝術的領域裏，正好像在其他文化建構的種種事例中一樣，一切的探討和評論首先要建立在對作品的詮釋之上。詮釋是種試圖理解作品的意義（或價值）的活動。進行詮釋時，我們所根據的，最終是理性的認識、文化的關懷和人生價值的體會。這樣，評論藝術作品的素質才有「可加客觀化」的根據。當然，這並不表示用來詮釋的「詮釋理論」是千古不變，獨一無二，永遠不可動搖的。人類處於不斷演化的過程之中，我們的理性內涵和感情形式也在逐步地演化──作者信持「人性演化論」──因此人類的認識論、價值論和文化哲學都在不斷的發展和精進。浮現在這些文化根基之上，而本身也促使這些根基演化的詮釋學說自然也在不停地開展演進之中。不同傳統的爭執與交流，新傳統的出現和舊傳統的式微，大傳統與小傳統之間

的錯綜複雜的迎拒關係等等，都是司空見慣、容易理解的事。但是，這樣的情況並不意含「客觀化」是件不可能的事。比如，科學裏頭也有未決問題和學派之爭，但面對問題時，至少可以在特定的時間和情境下，達到必要的「客觀化」，以便進行更深一層的探討和認知。藝術的探討和評論也可以如此，只是可客觀化的程度和要點有所不同而已。

上面說的主要針對藝術評論立言。可是若我們考慮藝術欣賞和藝術創作，就應注意另外一些容易引起思想混淆的事。

欣賞有種種不同的重點和深度。對於藝術作品的欣賞，一般人和專家之間的分歧往往極為顯著。我們常聽人爭論欣賞與理解之間的關係，而忘記首先探討欣賞的種種不同種別和要求。如果我們只注重「表面的」、隨興的、只求個人一時「過癮爽快」的、不必追問作品所表達的內容的欣賞，的確絲毫不瞭解作品也可以進行 —— 至於那時是否在欣賞藝術，是否在欣賞作品，則有一半是語意問題。我們之所以提倡一般人的藝術教育，主要為了培養理解，以便令人可以在「有教養」、「有文化」的根底上，達成較高深度的欣賞。這也是藝術品味的培養的正面意義。所以我們進行藝術評論時，自然不能廣泛訴諸不講究理解的欣賞所得的經驗。「訴諸大眾」在藝術範疇中也一樣是一種嚴重的思想謬誤。

藝術的創作更增多另外一層的問題 —— 創作者的問題。從方法論的觀點看，這問題有一個很重要的層次，可以簡化地敍述如下：我們通過詮釋去瞭解作品，我們所瞭解的是作品「所表達」的意含（我們暫時不追究這「意含」到底是何種事物）。問題在於這裏所說的「所表達」。我們指的到底是(一)作品所「可望表達」的意含，或者是(二)作品的作者「實際上所要表達」的意含（當然在某些情境下，(一)

與(二)在實際上可以合一 —— 或暫時合一。但這並不表示兩者因此沒有區別);或者兩者必須取得一種怎樣密切的協調關係？從另外一個角度觀看:藝術作品表達着精神世界的事物。可是那到底是誰的精神世界的反映？它與作品的創作者的內心世界的關係如何？

思慮過這些之後,我們才比較容易對藝術作品和作品的作者(藝術家)採取一種合理而同情瞭解的態度。比如,對於藝術家信手得來的卽興之作,我們到底該多認眞以待;藝術家自己的評斷和藝術評論家的批判之間,我們要怎樣選擇;藝術品可否「無心」地採拾,或者一定要「有意」地創造;猴子畫的畫可否拿來認眞評論;電腦詩、電腦畫、電腦攝影、電腦陶瓷……可否當成藝術創作？

有時我們對藝術家要求過高 —— 要求他們完全「理解」自己的作品,並且能夠說出一番道理來! 久而久之,他們似乎也感受到這種壓力。於是,畫而優則滔滔不絕地談論繪畫理論;攝影有成則必須尋找理論基礎;正好像小說寫得好,就迫不及待地想要談論文學中的意識型態一樣。

其實,正好像(比喻來說)父母不一定最瞭解自己的孩子,一個藝術家也不一定最瞭解自己的作品! 瞭解孩子需要客觀的知識;瞭解作品需要藝術理論。藝術的創作和藝術的理論雖然可以互補相成 —— 因此一個人可以立志兼爲藝術家和藝術評論家 —— 但是,一切的創作發明都不能拘泥於現有的理論,因爲理論正要從創作發明中不斷獲取成立的依據。這點在傳統未深的藝術領域(如攝影藝術)以及作品內容和形式變化急速的時代(如二十世紀中葉之後) —— 也就是傳統動搖或嬗變不定的時代,最爲明顯。創作和理論之間經常存着一種擺脫束縛突破困境的緊張。這時,評論家固然無需一味迎合藝術家的創作衝動,藝術家也不必處處討好評論家的理論主張。評論家有責任專

看作品 —— 當作一種文化建構的產物所表達的意含，而忽略藝術家的心理狀態與心理歷程（這種創作上的心理狀態和心理歷程，藝術家全都知道，常常是衝突矛盾，糾纏難解。不等歷史的、社會的，以及個人的成見的塵埃平息落定之後，很難客觀地說出一番道理的）。認真而敬業的藝術家常常是寂寞的人。愈是走在時代前面的，愈是如此。他們實在不必爭着也去製造理論來聲援自己。歷史自有一隻明亮的眼睛（另外一隻怎樣，暫時按下不表），不斷發展精進的藝術評論終將比較可客觀化地為高品質的藝術創作保留其應有的地位。我們可以這樣預測：我們的「鄉土文學」、「鄉土攝影」……等鄉土藝術作品，將有一些長留藝術青史，具有恆久的價值。可是那些為了大力聲援鄉土藝術的許多言論，特別是抱持這些言論為不可懷疑的精神指導而出現的「量身定做」的作品，終久只是在歷史條件限制下的思想操練，或者是在時代的苦悶之間的個人嘆息而已。

每一個人都可以發洩苦悶，藝術家是人；因此藝術家也可以發洩苦悶。問題是藝術家通過藝術作品的形式去發洩苦悶的時候（他可以用其他方式發洩苦悶），他是把作品充當一種文化建制下的功能，或是自己私下的用途？（當然可以兩者兼有。但何者程度較高，主要關懷放諸何處？）

藝術家應該努力伸展他們那特別敏銳的觸角，忠於自己，經營創作。他們可以保有自己的成見，熱愛自己的成見，甚至堅持自己的成見，可是卻沒有必要（而且不應該）急着將自己的成見披上理論的外衣，試圖加以普遍化，甚至絕對化。攝影家布烈松開創了自己的風格，拍攝出動人的畫面。可是作為一個攝影藝術家，作為一個關心攝影藝術發展的人（而不只求發洩感情），他有什麼充分的理由批評亞當斯在這年代還在拍攝岩石？藝術家為什麼不能拍岩石？而且，拍岩

石就拍不到他所說那「決定性的瞬間」？何況他所謂的決定性瞬間的說法是否妥當還有待深入討論。在藝術領域裏，我們特別應該提倡容忍的精神，不應該將自己的成見加以絕對化和極端化，以致妨礙藝術本身的發展，將它引進一條狹窄的道路。

4

作者提議開發藝術的記號學，使我們對於藝術的評論走向可以客觀化的方向。但是作者並不在此武斷認為藝術的記號學一定是唯一可以令我們對藝術作品的瞭解和評判走向客觀化的途徑。藝術作品的好壞大約沒有唯一的標準，也不一定有可以統一的一大套標準；至於藝術記號學能夠提供的含蓋面到底多寬潤，那要看它日後的發展而定。

記號學有它的通則，藝術的記號學除了歸屬於那些通則之外，還有它自己的內部規律。同樣地，在藝術記號學之內，我們還可以經營開創出分門別類的範圍，比如繪畫記號學、攝影記號學、雕塑記號學、舞蹈記號學等等；甚至更加細分地發展出諸如中國山水畫記號學、京戲記號學……。

簡單地說，凡是人類通過某事情或事物表現（該事物之外的）心念，就是「記號化」的活動。該事情、事物就成了該記號化活動中的「記號」。記號可以是出自天然的事情、事物，也可以是人創或經人加工的事情、事物。我們使用記號着意去表達的心念可以是簡單的意境，也可以是複雜的思想。試圖有系統地研究記號化的活動以及記號所形成的系統的學科，就是「記號學」。

顯而易見，人在文明的進程中成了文化的動物之後，記號化的活動幾乎無所不在。因此記號學的研究題材是一片極為廣潤遼遠的天

地。事實上，我們平時不以爲意，不如此看待的事情、事物，都可以納入記號學的探討範圍之內。比方，我們可以從事微笑的記號學研究，甚至性事的記號學討論。這屬於「身體語言的記號學」的範圍。我們也可以從事都市計劃的記號學研究，盆栽、花圃、庭院的記號學研究，「風水」的記號學研究。這些屬於「生態記號學」的範圍。

當然，一般我們最容易覺察到的記號系統就是我們的語文系統（言語系統和文字系統），因此，我們容易將記號學想成就是語言文字的記號學。可是在藝術創作活動中，在在是記號化的活動，處處都充滿着記號。這正是建立藝術記號學的基本素材。

說到這裏，讀者心中可能業已充滿不少疑問，其中最重要的至少有下列兩個：

第一，我們這麼說，是否暗中誤將「符號」和「象徵」等量齊觀，甚至混爲一談？

我們的確可以在必要時區別符號和象徵。符號主要出現在語言文字的系統中，它的意義由該系統中的「規則」加以決定。而象徵多出現在不是語言文字的脈絡裏，它的意含往往由比較複雜的文化傳統加以決定。前者比較注意系統內部的規約，後者比較着重歷史的條件和心理的基礎。但是，兩者都有一個共通之處，它們都經由人類的選擇應用而具備了代表其他事物或事情的功能。這種代表其他事物或事件的功能，我們要稱之爲「記號功能」。它正是我們上述的「記號化」活動所衍生而出的作用。因此，符號和象徵，在這個意義之下，都是一種記號，因此都是記號學的研究對象。

事實上，語言文字的記號也不全是我們所想像那樣，只充當狹義的符號用法。除了在文學裏我們常見的比喻（暗喻）跨越了一般狹義的符號的用法之外，在吟唱中，在戲劇裏，語言經常充當象徵的用

法。藝術裏當然更充滿了象徵，它並不自絕於記號學的處理。

第二，在語言文字的系統裏，我們容易指認出一個一個的記號，可是在藝術的範圍裏，誰能說出什麼算是一個記號？

的確，在不同的領域裏，要有效地指出什麼是「記號」，以及認出什麼構成「一個」記號，往往具有不同的難度。在目前，面對一篇文字，我們比較容易說出那些是記號；可是站在一幅山水畫前面，或者靜觀一齣舞蹈演出，我們就比較難以說明哪些算是記號，或者說出記號與記號之間在哪裏割斷。一方面這是因為不同的記號領域常常具有不同種類的記號，彼此具有不同的形成條件和指認方式（比如，字詞之間可以斷裂開來指認，可是圖象和動作就不能隨便加以斷裂，而需使用「突顯」的方式來指認）。另一方面，也正因為藝術的記號學之探討尚未全面認真開展，這方面的研究也就未臻成熟。可是我們卻不可因此倒果為因地認為：由於我們目前仍然提不出在藝術裏要怎樣有效地指認它的記號，因此藝術的記號學是不可能的事。

記號的指認本來就是一件頗為複雜的事。事實上，就是在語言文字的記號系統裏，情況也沒有我們所想像的那麼簡單。比方，在所謂同一個語言系統裏，用來說話的言語系統和用來書寫的文字系統之間，對於什麼算是記號，就不是完全一致。書寫時，標點符號大約算是記號，可是說話時，沒有人唸出標點符號，而代之以語音停頓和聲調變化。這些似乎反而成了記號。類似地，如果我們較為狹義地將記號想成是「表意單位」，那麼通常的虛字就不是典型的表意單位，而是令語文的表意功能得以順利進行的特殊「功能單位」。不但如此，一般我們所謂的字並不是完全死板不變的筆劃，也不是千篇一律的發音（我們可以使用種種不同的字體寫出同一個字，我們在不同的方言裏，往往把一個字唸成不同的音）。事實上，充當記號只要滿足兩個必要

的條件：我們能在一個記號系統中，分辨出不同的記號；並且我們能夠指認出某一事情或事物是否屬於某一記號系統。這兩個條件是一種理想的要求，在現實上，由於任何記號系統都可以不斷演化，我們往往只能力守第一條件，而放鬆第二條件。

從這個觀點看，只要藝術是用來表達情意，託付心念，而不是不知何為，無所寄意，那麼在藝術「作品」的構成元素中，卽使除了一些可以指認出來的表意單位，還充滿著許多重要程度不盡相同的其他功能單位，這並不足以令我們對藝術的記號學探討裹足不前。事實上，在將來的研究中，我們需要努力在不同的分殊藝術領域裏，尋求什麼是標定記號的原則（什麼是該領域的「記號」）以及「個化」記號的方法（怎樣算是「一個」記號）。

我們知道，一個系統中的表意單位的大小一方面固然決定於該系統內的構成規則，可是另一方面也要參照使用上的要求，這樣才能有效地達成記號在該系統中的表意功能。比如，在中文系統中，我們可以選擇字、由字所構成的語詞、由字或語詞所構成的語句、由語句和語句所構成的篇章等等，做為我們心目中最重要的表意單位。可是一般來說，語句是我們語言當中最基本的表意單位，而單字只是令語句能夠順利完成任務的構成元素（當然有時一個單字本身就是一個語句）。至於其他更大的語文單元，如段落、如篇章，常常構成一個語句突顯其意義的脈絡（文脈，或名「語境」）。

在藝術裏，什麼是基本的表意單位，這問題需要認眞討論。其答案顯然因不同的領域而可以有所不同。有時在同一領域中，可能也容許多元化的徵定標準。假如我們一定要和語言文字相比附（目前我們的確缺少藝術記號學自己的語言），那麼我們可以發問：比如一張照片到底是一個語句或是一首詩（或一篇文章），或者只是一個或幾個

單字？我們需要一個固定的答案嗎？我們固然可以將一幀照片單獨展示，表達心意；我們也可以將幾幅（一定要相關的？）照片巧妙擺放，讓它們加起來呈現思想。我們不也可以將一幅「完整的」照片剪開分佈，讓它「字句分散」嗎？

提起藝術的記號學，由於一時沒有適當的語言，我們可以先借用發展得比較良好的其他記號學領域的語言，藉以探討建立藝術記號學所需要的方法和策略。就是起先必須進行的概念分析和題材分類上，我們也不妨以之為借鏡。當然最明顯可以充當他山之石的，就是語言的記號學。通常一般人說記號學，往往指的就是此一狹義的記號學。

在語言的記號學裏，我們通常將研究的範圍區分為三個：語用學、語意學和語法學。在一般的記號學中，我們可以將相應的範圍分別稱之為「記號使用學」、「記號意義學」和「記號結構學」。

對於藝術記號學來說，這三個區域都應該加以大力開拓，努力尋求其中種種問題的來龍去脈，以及成立見解所根據的原理原則。我們可以預見，當討論研究進行到一定深度時，我們會遭遇棘手的基礎問題，其中有些只能交給「方法原理學」和「哲學」去處理。比如什麼是「意義」，它與人的「意向」關係如何。我們應該採取「本質主義」的立場或「乏晰邏輯」的觀點。那些是一般記號學也會面臨的問題，不只是藝術記號學的專有問題。我們在藝術記號學中，對那些問題的細心深入的討論，不但有助於為該等問題在一般記號學中尋求答案；可能更重要的是那樣的討論必會為藝術記號學的姐妹學科（比如語言記號學、體態記號學、環境記號學等）的研究提供新穎獨特的策略、方法，甚至答案。這令我們對藝術記號學的研究不但充滿信心，而且懷著希望，因為藝術是種極為豐富，而且變化活潑，發展多元的記號系統。

現在讓我們舉例窺看一下在前述三個領域中，我們可以思索討論哪些問題。

第一，記號使用學關心人類怎樣運用記號，拿它充任什麼角色，行使什麼功能，製造什麼效果。擴而大之，舉凡有關記號使用者在使用記號的場合，和記號所發生的種種關係、效應和後果，都可以是記號使用學所探索的範圍。

比如，我們可以發問：某一幅照片是給人拿來充當什麼作用？報導、表情、暗示、撼動、迷誘……或者哪些配比的綜合功能？所謂報導的用法到底是什麼？「如實」地反映這世界人間的現象，或是孤離、突顯，因此加強，放大了某一時空點上的事情或事物？舉凡使用記號來報導（不論所使用的是文字記號或影像記號）有可能忠實而客觀嗎？（比如南越警察頭目在西貢街頭當眾處決越共的照片十分客觀忠實地報導了一個事件嗎？哪一個事件？）如果有這類的問題存在，那麼報導攝影到底具有什麼特徵或「本質」呢？我們怎樣品評報導攝影的「藝術性」？只由照片的結構品質（記號結構學的性質）來決定？另一方面，儘管有許多問題可以發問，然而報導攝影和非報導攝影之間總有界限可分吧？不過，這個界限到底是清楚（明晰）的，或是模糊（乏晰）的？

有一個值得注意的問題是，藝術作品所要充當的功能是由創作者的心意決定，或是觀賞者有他們可用的「邏輯」？主觀主義或是約定主義？或是兩者力求怎樣的平衡？作品的擺放或創作的展示方式和作品創作的功能有何密切關係？怎樣令一件事情事物置放在一個合理的脈絡裏，構成一種充分的條件，行使作品或創作的功能？在這點上，（藝術）記號學裏的記號使用學和記號結構學交叉接觸，因為要比較明確地決定藝術品的功能，我們往往需要訴諸記號結構學的討論成果，

確定什麼算是藝術脈絡的結構條件。

　　對於獲取某些功能和效果而言，我們可能通過記號的語意條件有以致之（因此記號使用學和記號意義學產生了關聯），可是在某些情況下，記號本身不訴諸意義的層次，也能產生相同或類似的效果。比方，我們固然可以描寫鬼故事來驚嚇一個人，可是在一些特定而有利的情況下，我們也可以使用一聲尖叫（尖叫也是記號）獲得類似的效果。藝術作品到處充滿這樣的例子。它正面地接觸到所謂欣賞是否需要通過理解的問題。

　　當然我們可以設法細密地區別記號效應的雜多種別和繁殊深度。比如，我們可以說通過鬼故事產生的驚嚇，跟黑夜裏的尖聲慘叫所引起的效應具有質的不同；正好像通過理解和未加理解所獲得的藝術欣賞的愉悅也有差異一樣。這就是為什麼有時藝術家有意扭曲「表象」，令觀賞者得以見到「真實」。他們希望觀衆通過理解 —— 思索作品表達的意義 —— 去鑑賞，而不只依順平時的心理習慣，停留在作品表面的浮光掠影之間。

　　藝術家和藝術評論家都要嚴肅地面對藝術記號使用學的問題。比方到底是要「為藝術而藝術」或者要「文以載道」這一由來遠古的爭執，經過藝術記號學的研討之後，也將會有比較全面而可以客觀化的評判語言。我們可以這樣發問：一個藝術家在心存藝術創作的時候，應該著意討好大衆的口味嗎？應該力求為時代或地域的成見和風尚服務嗎？應該為政治效勞，為政權喊吶嗎？當然，藝術家也是人，他們有權堅持自己的成見，並且為自己的成見奮鬥到底。可是如果這樣的成見不是有關藝術本身的「本質」或發展的，我們需要將藝術拉下水，以它為名，用它來表達發揮嗎？這樣不會敗壞藝術的品質嗎？就是有關藝術本身的開創前景的，我們要武斷地採取一元主義和絕對主

義的價值標準，限制它的發展軌跡，認定那是藝術唯一和最有價值的功能嗎？

第二，記號意義學要研究記號所表達的內含。小自一個記號所代表的事物（如「舟」字指那一類事物），大至記號、記號羣或記號組所表現的感覺、感情、意識和思想等等，都可以是它研究的題材。因此，我們一般（在語言記號學的架構裏）所說的指謂、意含、象徵、比喩、情緒意義等等記號屬性，全在意義學的探討範圍。

研究藝術的記號意義學，在起步時有一個錯綜複雜的地方。它不像語言文字的記號意義學一樣，在其相應的記號結構學（語法學）上，具有頗爲統一而普遍的基礎。不說別的，在語言文字的範圍裏，像語詞或語句這樣的表意單位一般比較容易具有共同的指認程序（至於像語詞和語句到底是種語意概念或是語法概念，或是兩者的交叉滙聚，則是可以討論的問題）。可是在藝術裏，不同的領域採用不同的表達媒介，因此擁有不同種類的記號。有些記號比較難以擺脫其具體的個別形象。在一般人的心目中，不容易通過那樣的個別具相，提升到所要表現的抽象意境或觀念（比如拍攝人體照片就常遇到這類難題）。相反的，有些記號因爲沒有直接與我們感官經驗的具體事物，依慣常的方式關聯起來，因此在未受訓練或不在某一藝術傳統下的人也就難以比較準確地捉摸它所要表達的內容（比方無題的抽象畫和一些非標題音樂）。但是，就記號的特性而論，這些都是意料中的事而不足爲怪。記號本來就必須通過「約定」或「俗成」而取得記號的地位。任何甲、乙兩事兩物，卽使其中具有自然的關聯，但也必須經由人類發現其關聯，有意指認其關聯，才將甲稱爲乙的記號（或反是爲之）。至於沒有自然關係的兩事兩物，當然更要通過人類的創制，才會發生記號關係。不過，在藝術裏一般人容易注意自然關聯而未

察看「俗成」條件，而在許多藝術領域裏，記號和所表達的意含之間的自然關聯的確常常具有很重要的份量。我們如果不懂中文，我們無法瞭解一個中文語句；可是卽使我們沒有研究過歐洲的中古繪畫，也好像看出了許多內容！西洋人看中國的山水畫，情況也大同小異。

因爲多了這一層的糾纏，藝術的記號意義學在建構的時候，比語言文字的意義學（語意學），增多了另一次元的複雜性（在狹義的語意學裏，這個問題並非完全不存在，但其重要性相對地低落很多。例如象形字問題或擬聲字問題，就是顯明的例子）。爲了在研究的初步階段容易把握處理，我們最好由一個個分殊的藝術領域開始，然後進行跨域的比較研究，最後才進行藝術一般的記號學的蓋括推廣。比如攝影的記號意義學、音樂的記號意義學以及舞蹈的記號意義學中所要把握的表意記號和表意模式就很不同，它們彼此之間的共通性往往要等待我們對各領域內的記號之表意分殊特性瞭解到一定的深度之後，才容易在繁複的各種模式和規律中，抽離出可信可靠的通則，開創合理穩當的理論。

在藝術記號的意義學中，除了上述具有自然關聯的表意關係佔著重要地位外，在指謂關係中的「自我指涉」也是不可忽視的現象。我們都知道，在語言文字裏一個字詞或一個語句一般用來指謂字或句之外的事情事物（這種對外指涉或可稱爲「他指涉」）。比如在「浮雲遊子意」中，「雲」字用來指在天上飄浮那種蒸氣水點的聚合體，而不是指「雲」字自己；可是有時卻也可以用來指謂字或句自己（自我指涉或名之爲「自指涉」），比如在「雲」有十二劃中的「雲」字就是。在藝術裏，記號的自指涉是種極爲普遍的現象，而且跟在語言文字裏不同的是，往往記號的他指謂和自指涉可以同時存在，不生困局；甚

至彼此加強，相得益彰。比如，在畫像藝術中，一件作品中的主要記號或記號組（如繪畫或攝影形象）不但可以指涉記號自己 —— 說出它本身的性徵或特質，而且可以指謂它所描繪的個人（至於這時我們能否使用由語言文字的記號學中假借而來的「指謂」，那就要看我們同不同意 —— 而且在什麼意義下 —— 一幅畫能夠「說話」，能報導、描述等等）。我們知道，由於語言文字的自指涉，在二十世紀初葉曾經引起人類知性上的軒然大波（試想「羅素詭局」），在藝術裏，有時他指涉和自指涉的如影隨形也容易引發嚴重的鑑賞問題。比如我們容易停留在藝術作品的表面品質（如令人愉悅的聲音、順眼的構圖、自然的色調等等），難以打破這種軀殼，進到藝術記號所要表達的意含，這常常是這種自指涉所引起的。藝術作品為自己說話，而沒有為它所象徵或所意含的東西說話。有時我們警告人家「美」文害義，道理也在於此。我們也可以從這個觀點去領會為什麼黑白攝影往往比彩色攝影更能用來表達深刻的內涵。在此，我們也踏上一個藝術哲學的問題：如果我們強調美是藝術的根本價值，它要怎樣釐定？我們可以只訴諸一般所謂的「美感經驗」嗎？（前面我們說藝術作品的好壞大約沒有唯一的標準。我們也要進一步設想：好壞的條件是否就是美醜問題）

第三，藝術的記號結構學。它所關心的是藝術作品的「文法」或「語法」。換句話說，它考慮藝術作品的形式條件或結構關係 —— 特別是將藝術記號所要表達的意含抽離，專門研究記號的結構特徵，以及記號和記號之間的結構關係。

舉例來說，在語言文字裏我們可以有構詞法和造句法；類似地，在藝術記號之間，我們也可以研究它們組織結構的樣式和類別，以及構成良好樣式的規則和定律。比如在攝影藝術裏，我們可以考察種種

重影、拼綴和蒙太奇的形式條件；在中國的山水畫裏，考慮不同記號（如代表山、水、人物等的記號）的分佈結構等等。這方面，歷來有許多研究，可提供藝術記號的結構學極其豐富的參考資料，因此，我們不在這兒詳說。我們需要的是有系統地從記號學的角度，加以深入的闡釋。

當然記號結構學裏的許多問題，深入探討起來和記號學的另外兩個領域裏的問題息息相關（反之亦然）。比如，某一藝術為什麼要滿足某一形式條件，經常取決於它所可望表達的意含，後者又決定於該類作品的記號功能。

5

作者希望以上所說的不要引起一種誤會，以為我們在此提倡一種刻板絕對的藝術記號觀，主張藝術的記號現象只有一種妥當可取的理解。事實上不僅在藝術的範疇裏，就是在其他那些研究題材比較劃一，運行規則比較單純的領域中，作者也認為在必要時應該採取「乏晰邏輯」的處理問題方法，不硬性規定一個概念要有確定明晰的應用界限。所以，不但在藝術裏我們可以有「乏晰記號結構」，就是在語言文字的脈絡中，也應容許「乏晰語法」的處理方式。

另一個也需趕緊一提的要點是，我們主張將藝術評論的語言和方法加以客觀化，提倡「可客觀化」的品質，但這也並不表示我們因而排斥藝術鑑賞與評論的多元主義。比如，一件藝術品可以只從是否賞心悅目的記號使用觀來評判，也可以只從結構學上的構圖法來欣賞，當然也可以兼採其所表現的意含的角度來觀看等等。我們不一定非得採取唯一而絕對的標準不可。但是藝術記號學的開展令我們擁有比較

可以跨越學派和門戶進行彼此交流對談的語言。

有一個領域的研究開發會大大加速藝術記號學的發展，那就是更廣泛的思考模式研究，特別是圖象思考的研究。平時我們習慣於將思考規限在概念性的思考模式。這在邏輯、數學和科學的思考運作中已嫌不足；移師藝術領域，更加捉襟見肘。在藝術的創作裏，我們使用大量圖象記號，我們應該尋求人類處理這些記號的運作模式與演繹規律。現在的認知科學研究進行得如火如荼，但是所謂的「資訊處理」（又稱「信息加工」）往往局限在狹義的語言文字的處理之上，考察概念推衍的規律；沒有大力倡導「圖象處理」，探究「心象演繹」的「邏輯」。事實上，對於藝術的理解來說，我們不只要研究視覺思考的模式和聽覺思考的模式，我們大約還需要研究觸覺思考的模式；有一天，甚至嗅覺思考的模式和味覺思考的模式。接下去的是種種跨感思考的規律以及統一綜合思考的「邏輯」。那時記號學的研究將會更加如虎添翼，無險無礙。

橫在我們面前的實在是一片廣濶無涯的天地。

一九八八年九月三日構思，二十三日完稿

當代教育為什麼要講究文化傳統？

1. 傳統與當代

當今這個時代是一個知識擁擠，資訊充斥，信念紛雜，價值多元，觀念與器用全都日新月異的時代。在這個既豐滿飽和又瞬息萬變的時代，我們常常分不清對過去到底心懷否定，或者充滿懷念；對現在究竟紛亂無奈，或者稱心滿意；對將來是否疑慮交加，或是信心十足。我們忙碌於無窮無盡的雜務和瑣事，但對於比較重大的遠景或方向的問題，反而沒有充分的時間去思慮，因此欠缺比較清晰明確的認知。

然而二十世紀已近尾聲，二十一世紀的曙光已經開始在人類知性和感性的天邊躍躍吐露，對於關心教育的人，我們是否應該靜心迴思，從長計慮，檢討過去的成果，釐定今後的走向？

今天在文化的殊多領域裏，我們開始聽到「後現代」的字眼，見到「後現代主義」的旗幟飄揚。什麼是後現代？它和現代的關係怎樣？它只是歷史斷代的名詞，或者包含著更特殊和更豐富的文化意指和內涵？

如果「後現代」不只是當代之單純的代名詞，我們就應該小心察視後現代主義的意含，檢討那些談論後現代主義的人所要正視的問題和試圖解決問題的策略與方法。至少我們應該深入探討現代文明與現代世界發展到今日，我們到底面臨什麼樣的困境，這類的困境在什麼

意義與層次上構成了困擾人類的難題，然後我們才能夠比較確定地瞭解我們所要尋找的解決方法到底是否切實可行。

關心教育的人是關懷人類未來的人。照理我們好像應該多做向前的展望和設計，而非往後的回顧和沈思，因為教育工作是要付諸實際行動的，而實際行動只能改變未來，無法再造過去。不過，如果我們再加細想：我們要怎樣去改造未來？我們提出什麼樣的計劃，使用什麼樣的藍圖？這些計劃和藍圖怎樣產生的？是無中生有的嗎？或是有憑有據的？這些所憑所據又是些什麼？那樣的憑據又是怎麼來的？我們怎樣去評判對人類社會將來的指望？當我們使用某一個或某一類的評判標準之時，我們是否完全重頭開創新的理想、新的價值和新的方法；或是在很關鍵、很基本和很實際的要點上，模仿、參照或直接承襲人類以往的經驗、思想、目的和策略呢？我們可以一刀兩斷地隔離過去，能夠全無反顧地面對未來，或者需要察看人類過去的成功和失敗，比照前人曾經有過的雄心壯志和價值理想？在我們面對著將來，希望經營創造一個更加美好的世界時，我們固然需要新進的科學的專業知識，但是我們難道不需要超越一時一地的哲學的智慧？我們不需要鑑古知來的歷史的聰明？

如果我們同意歐洲的文藝復興在很重要的意義和層次上是懷向希臘文化的「復古」運動——為了擺脫中古世紀的文化困局，有心、有情、有識、有志之士力謀解除難局，向以往的文化傳統（或傳統之一）尋求啓示和榜樣的努力；那麼今日我們面對著二十世紀的人類困境，試圖探索因應之道和排解之方的時候，在我們那「後現代」的旗幟之後，是否也涵蘊著向文化傳統的追溯與迴思？儘管我們有時覺得自己站在人類有史以來的知性巔峰，儘管我們常常聽人譏諷「傳統的智慧」，儘管我們今日所遭遇的難題比起以往的更加全面和複雜，我

們所處的世界更加無常莫測，變化不居；可是時間上的當代固然是過去昔往的延伸，對於文化的反省和批判以及試圖重新創造和再出發的「後現代」不也跟文化的傳統氣息相通，迎拒微妙嗎？

關心教育的人士，比起其他的人，更應該注視這種文化傳統上的相繼相承和相抗相拒，因爲我們的目的終久在於敎養，在於培育有敎養的「文化的動物」，而在文化的內涵裏，不論知識、智慧、藝術、品德，以至技藝、語言、行爲、衣食、器用，全都不是突然之間平地風起，從虛空的「一窮二白」一蹴而幾，蔚成大觀。從另一個角度來看，就是我們要反對傳統，改造傳統，並且進一步開創新的傳統，我們也必須比較準確地瞭解（過去與現在）人類的文化傳統。這樣一來，我們才知道我們所要捨棄的是什麼，所要保留的是什麼，所要添加的是什麼，所要發揚的是什麼。

2. 敎育需要講究什麼文化傳統？

在人類的生態體系裏，文化可以很廣泛地給設想爲與自然天生相對立的一切（這種區分在根底之處是否模糊乏晰，我們暫時不加討論）。因此，我們常常很鬆疏地將文化定義爲人類的生活方式。這樣的界說是否妥善，那就要看我們對「生活方式」做出多廣含和多深入的瞭解而定。

首先我們注意到我們所說的是生活「方式」，不是生活「內容」。雖然一種方式之形成有時不免受制於它所含有的內容，正好像各種「形式」的成立往往依賴表現這些形式的「質料」一樣。因此，談起生活方式，我們雖然很自然地注意到表現出來的內容，但是對於思索文化傳統的存亡繼絕等問題的人，更重要的是抽離內容，考察其所賴

以運行操作的形式、方法、導向、模式等等。這些，認眞說來，都不是一般具體而個別的事物或事件。生活方式是一些不同等級的抽象的事物。

舉個最通俗的例子，當我們談說中國人的烹飪方式或烹調方法（一種生活方式之例）時，我們固然不太容易脫離一切作料和材料等去講述菜肴作法，並且從發生起源的觀點看，烹調的方法和選用處理的材料之間，往往具有密切的關係（當然不是決定性的邏輯關係）。不過，當一種方法建立起來之後，它可以脫離慣常的素材，具備一種獨立的生命。我們甚至可以將它應用在不尋常的素材上（有時加上必要的修正）。這時方法已經和原先的內容質料沒有了慣常的關聯。我們也就可以將之從慣常的材料內容上抽離，「抽象」地對它加以思索和討論。生活方式是種抽象性的事物就是這個意思。

所以當我們思索文化問題或文化傳統問題時，我們不宜過分注意一個文化所產生出來的成果，而應努力尋求經營這些成果所憑藉的方法、意義和價值取向等。固然許多文化成果是人類智慧與精神的寶貴結晶（比如許多偉大的文學、藝術作品，高妙的科學、哲學理論），但是文化成品往往也容易因爲時間的轉移和處境的交替而淪爲與實際生活不再密切相干的遺跡；或者成了博物館的陳列品，或者成了人類學、民俗學的研究對象，或者成了點綴生活供人閒暇欣賞的珍品寵物。我們所要關注的主要不是文化遺跡而是文化動力和文化精神，雖然對於文化遺跡的保護、欣賞和鑽研有時有助於興發情懷，砥礪志氣，進而追索背後的文化精神，甚至鼓舞繼續創新的文化力量。

從這個角度來看，我們不但需要提醒自己，當設想文化和文化傳統的問題時，應該力求注視它前述的抽象面；同樣重要的是，因爲像這樣的抽象意義的生活方式並非隨時隨地明顯呈現，爲人清楚察覺，

而且因為它層次繁雜，關聯多樣，抽象程度不一，所以對文化（生活方式）的各層各次和各區各域進行思辯性、闡釋性和詮釋性（解釋性）的思索考察成了討論文化傳統繼絕存廢問題的必要手段。這樣我們才不至於停留在「生活內容」，受制於社會習慣，局限在歷史的特殊境遇，這樣我們才能放眼我們的「生活方式」（文化）的可能發展。比如，出現在個別的歷史和社會的情境下的孝「行」，從當今的觀點看，可能是愚蠢不堪的，但這並不表示在現代的社會脈絡裏，孝「道」必定迂腐無救，一定不能在當今這「後現代」的世紀，重新加以詮釋，加以發揚。其他像儒家的忠恕之道或墨家的兼愛之理，不也一樣可以在當代脈絡中重新加以詮釋，看看它們是否和我們當今的生命經驗 —— 尤其對人類社會和人性理想的關懷和指望 —— 是否能夠產生實質而有效的關聯。這不是永遠面對未來，永遠展望前景的教育家最關心，而且最該關心的事嗎？

　　從人類的理性原理看，哲學是人類知性活動和感性活動的方法原理論❶；可是從廣義的記號學的角度看，我們也可以將哲學活動看作是對人類作為（及其成果）之「意義」的詮釋工作❷。文化活動及其成果 —— 不論是個別的，或是一般性的 —— 所具有的意義，正是哲學（當然包括所謂的「文化哲學」）所要詮釋闡發的對象。我們怎樣詮釋我們身歷其境的文化傳統（包括自己的文化傳統和他人的文化傳統）將大大影響 —— 甚至決定性地左右 —— 我們教育工作者的工作抉擇和價值取向。這是從事當代教育為什麼要關心和講究哲學傳統的一大原因。我們是在一個（或一個個）哲學詮釋傳統下決定我們教育活動的內容和走向。

　　二十世紀有一個很顯性的文化傾向，那就是對科學的和科技的文化之堅決肯定和大力推崇。儘管當今之世，已經漸漸有人對科學和科

技做出「後現代」的反思，但是就我們現存的各種社會建構、文化體制和經濟發展來看，科學的文化傳統，特別是科技的文化傳統，將會在二十一世紀裏依然扮演舉足輕重，領導潮流的角色。

科學和科技當然並非同一事物。但是這個事實在號稱「科學時代」的二十世紀，並未受到普遍的確認、強調和推廣；因此，人們容易在設想文化問題時，把「科學的文化傳統」和「科技的文化傳統」二者混合一談，引起許多觀念上、決策上和實效上的種種困難❸。不過，科學和科技雖然不是同一件事，但是二十世紀的科學和二十世紀的科技卻經常齒唇相依，互爲表裏。也正因爲如此，這兩者的分際更容易受人忽略，甚至在關鍵重要之處，加以混淆。把科技設想等同爲科學，或者把科學設想等同爲科技，都容易因爲沒有充分體認兩者在知識論上的不同重點和在實效運用上的各別標準，而引起錯誤的認知推論、策略決定和價值判斷。把當今之世號稱爲「科學的世紀」，或者取名爲「科技的時代」，其間的區別以及對我們判斷與決策上的影響是不可輕易加以忽視的。

從事教育的人，當他基於對未來的期望而制定計劃和描構藍圖之時，更應小心追究科學到底爲何物，它與科技之關聯和分際何在，以便確定正確可行的施教方向和教育內容。

除了哲學的文化傳統和科學的文化傳統之外，一個從事當代教育的人還得關心其他的文化傳統，包括普及文化或通俗文化（大衆文化）的傳統。如果教育的事業包含著移風易俗，薰陶人格的功能的話，我們必須認清精緻文化和通俗文化的區別和關聯。只有在兩者之間有溝通的管道，而不是壁壘分明、鴻溝難越的情況下，學校的正式教育才能對一般社會產生積極而有指導性的貢獻。在這個關鍵上，有一種文化傳統特別值得教育工作者的注目和關心。那就是藝術的文化

傳統。

藝術文化傳統對於教育事業的重要性並不局限在把藝術品充當美感欣賞的對象這種狹義的功能主義上。更值得我們重視的是，在藝術創作和藝術欣賞活動中所表現的寄意、詮釋和理解。也就是說，藝術不只充當我們鑑賞的對象，而且也扮演著人類精神和情意溝通的角色。這點在語文藝術中固然顯而易見，就是在美術和表演藝術中也將佔有與日俱增的地位。這是我們所不可忽視的。二十世紀不只是科學的世紀，也不只是科技的世紀；它也是「形象」的世紀。後者在二十一世紀裏更要滋長發揚，蔚爲奇觀。

3. 哲學傳統與教育

我們都知道，教育是一種綜合性的應用學科。人類所有知性上和感性上的成就和缺陷、眞知和偏見、深思熟慮的計劃和應急草率的主張都有可能被人取用，做爲指導教育方針和決定教學措施的藉口或「根據」。爲了避免將教育事業引進困境，導向歧途，我們必須隨時對教育事業所依憑的種種原理原則和根本假定做出必要的檢討和思察，看看它們是否合理，是否妥善。

哲學的傳統一直深遠地影響我們的教育構想與實施，這是衆人深知的事實。遠自先秦儒家的性善論、柏拉圖的知識回憶說，直到現代的實用主義、實驗主義以及實證主義，都曾經在人類的教育史上投下重大的影響。這些已見於一般的教育思想史或教育哲學史的著作之中，不必我們在此回顧。現在讓我們從當代人面對二十一世紀的前景，所要關懷的問題著眼，看看我們必須關注什麼樣的哲學傳統。

自古以來形形色色的人性論一直或隱或顯地盤踞著教育哲學的中

樞。最早是像性善論、靈魂不滅說和意志自由論這種形上學說。可是自從現代科學興起之後，新的經驗主義發皇，人性的哲學探討慢慢走向人類悟性的研究，或人類理性的研究。至少這樣的研究被人普遍看成哲學的人性論的主流。哲學性、思辨性和詮釋性的探索慢慢加入經驗的心理學和實驗的心理學的成分，甚至有被後者取而代之的趨勢。等到現代的實證主義、實用主義以及號稱為科學的經驗論（後期之邏輯實證論）和分析哲學佔據哲學廣大的視野之後，人性論的研究幾乎變成行為科學（或帶有強烈行為主義的心理學）的附庸。行為主義也就在哲學的人性論探索之中旗幟鮮明，造成風氣。到此，我們清楚地見到在哲學傳統中這種由形上學的人性論過渡到經驗主義的悟性和理性的研究，直降到行為主義（包括心理學的行為主義和所謂邏輯的行為主義）的心靈探索和心靈哲學的視野轉移和題材變形。固然二十世紀的哲學傳統中，也有一些「後現代」的回潮逆流，比方歐洲大陸的現象學和詮釋學；比方邏輯實證論和分析哲學之後的語言哲學和心靈哲學。但是，在當代其他文化傳統 —— 包括科學主義、科技主義和「功利主義」，尤其是消費主義等的推波助瀾之下，經驗主義式的、功能主義色彩的心靈哲學將會繼續在二十一世紀的哲學思潮中流行氾濫，普及成風。

　　試觀今日所謂的「認知科學」（cognitive science）的走向，以及人們對人工智能的瞭解與期待，我們就明白今日人性研究的局限和貧困。如果我們能夠及早呼籲，提醒面對問題，或可嘗試做出一些挽狂瀾於既倒的工作。這點對於關心教育事業的未來前景的人士，似乎顯得特別迫切而緊要。

　　基本上，當今的心靈研究著重在人類的認知官能和認知活動的層次。而人類心靈的認知層次往往被簡單設想成為是一種「資訊處理」

(information processing) 或稱爲「信息加工」的比較狹義的官能和活動範圍❹。尤有甚者,許多人還要更進一步,將資訊處理等同爲語言處理 (language processing), 甚至更加狹隘地等同爲文字處理 (word processing)。至此, 我們可以看得出這一取向的心靈探討終將導致什麼樣的重點模式。如果我們將這種模式用來描構人類心靈的話,終會得出什麼樣的貧乏後果。在這樣的構思模式下, 電子計算機 (電腦) 無疑成了人最典型 (雖然仍然不夠複雜) 的範例, 它是文字處理的最佳能手。

可是不管來日的電子計算機發展得如何, 我們都可以這樣發問: 人只是文字處理機嗎? 人只是語言處理機嗎? 人只是資訊處理機嗎? 甚至發問: 人只是認知的機器嗎?

做爲探索人類心靈的「研究策略」, 上述那樣的認知科學的研究取向或許無可厚非, 說不定可以算是容易獲得較快速和較有把握的研究成果之方法路線。 可是從關心人類教育 (包括個體教育和羣體教育) 的人性基礎的角度看, 那樣的研究即使成果豐碩, 也大大遠離我們所需求的目標。我們不能只依據那樣狹義的「認知人」的人性論去開拓我們的教育理想, 規劃我們的教學措施。 這就是今日人心和人性研究的貧困, 它也部份說明了當前我們對於教育的許多層面欠缺信心, 猶疑不決的緣由。

表面上看來, 強調人性的認知層面只是人類適存的必要條件, 它只是人類這種理性的動物之爲理性的首要表徵。可是這樣的表面理由顯然沒有顧及人類生存與人類生活的其他殊多需求與要件。 簡單地說, 認知本身並不自動說明爲何要認知, 要怎樣認知; 適存問題也是; 而所謂理性更沒有自動標示它的目的、 標準和內涵。(比如, 是不是需要充分發揚人性中的感情, 才算是眞正的理性?)

　　事實上，注目人性中的認知層面本身並不就是一種缺失。可是過份強調它，接著尋求理由專門維護它，甚至進一步（在哲學上）立例偏袒它，以致造成人性其他層面研究的萎縮不興或早謝凋零，這就構成堪足危害人類文明的偏見哲學。二十世紀的早期邏輯實證論就有這個傾向。值得注意的是，這樣的邏輯實證論的成見儘管流行了數十年，終於在哲學本行之內普遍受質疑，甚至遭唾棄；可是它卻已經形成了一個小小的傳統，在一般人的信念裏，甚至在某些學科的方法論中，起動未已，餘波蕩漾。今日在世界上的許多角落，教育工作者經常認爲他們只能傳播知識，無法兼及教人爲人，導人向善；並且還言之鑿鑿，自成道理！這樣的哲學潮流與傳統對教育事業的影響甚爲深遠，它成爲教育工作者避談道德，遠離價值，只顧知識，甚至只計資訊的做法之「合理化」的根據。

　　當然人類文明演進到二十世紀尾聲的「後現代」，我們除了對二十世紀的某些文化傳統需要加以嚴厲批判而外，我們當然不能只是單線式地回歸到以往更古更老的文化傳統，試圖一成不變地將它搬來解決當代的難題。我們必須對以往有過的優良傳統（如果有的話）加上新世紀的詮釋 —— 從當今的知識高度和方法自覺的深度，對舊日的文化傳統加以重新詮釋，以便和當代世界的脈絡掛鈎，跟現代人的經驗接觸。於是舊有的文化傳統才能起死回生，甚至推陳出新；尤有進者，在詮釋的過程之中，我們甚至需要在傳統舊有的文化成素中，做出新的組織安排，標定新的聯結關係，必要時提倡加入新的成素，做出更加妥善的組織與安排。這是當代人關心和講究文化傳統的精義。

　　傳統的教育大都主張，甚至強調「完人教育」。最低限度宣揚一種「完整的人」的教育。今天，如果我們發現這種教育理想似乎歷歷如新，可是二十世紀的文化傳統卻自限在人性中的智性（知性）層

面時，很顯然地，我們需要採取步驟，對傳統教育理想的價值根據，以及其所依傍的人性構想，做出妥當的哲學詮釋，看看能否在完整的全面的人性中，重新還給智性一個合理的地位，而不妨礙人性其他層面（比如感情所寄的感性）的確立和定位。換言之，我們能否將如今已經不合理地過份膨脹的智性層面重新加以詮釋建構，使那些因被智性的膨脹所遮掩的其他人性層面，也能合理地顯露出來。舉例並且說得淺白一些，今日智育的哲學基礎被獨斷地認爲毫無可疑（果眞如此？），可是情育的基礎根據呢？美育呢？德育呢？

如果從另一個角度去看，我們也可以說二十世紀的人類理性發展到一種困難重重的地步。二十一世紀的哲學人性論或心靈哲學的最大任務之一，就是怎樣重新詮釋人類的理性，並且試圖構作人類的新理性，以解除現代人的理性所帶出的困境與危機。我們希望當這種二十一世紀的新理性出現之後，人類的感情將重新顯現一種穩重的地位，爲人類的價值理想提供堅實的依據。比如倫理（道德）價值追根究柢是一種藝術價值，它的合理性建立在人性中的感情基礎上。

我們無法在此詳細討論上述這種人類理性的重新詮釋和再次構作的細節（作者相信這是二十一世紀的心靈哲學的重要課題）。一方面這不是本文的主旨。另一方面對於其中某些問題，作者也還沒有明確的答案。不過，在這方面有兩點必須立即附帶加以陳述，以便令上面所說的觀點顯現出比較明確的意義。第一，作者認爲人性是在文化傳統中演化的。這種觀點或許可以名之爲「人性進化論」。在這種進化論之下，倡說理性的再詮釋和再建構才具有比較明確而一貫的意義。第二，在這樣的進化論裏，人性的構成（當然包括理性的構成和感情的構成）是人類表意活動（或稱意義活動）的形式、規律和樣態使然。因此研究一切的人類表意活動 —— 其生成、發展和演變，將是探

討人性的殼門磚。也因爲這樣，作者認爲二十一世紀的人性論將建立在心靈哲學之上，而二十一世紀的心靈哲學將以廣義的記號學或語言（廣義的）哲學研究，作爲其立論依據。

4. 科學傳統與教育

以上所說的並不專從某一個個別文化的傳統立言（比如，並不專談中國文化裏頭的問題），因爲作者相信目前正有一種堪稱爲「世界文化」的普及文化流傳於世界大部份的地區❺，雖然這種文化並不能完全取代各地區的個別文化，但是它卻到處顯現出共通的特性和問題。上一節所談論的固然大致如此，而這一節所要說的，情況就更加明顯。

我們在上文裏業已說過，這個世紀被稱爲科學的世紀，也被叫做科技的世紀。我們也說過這兩者雖然有基本上的不同，因此不可隨意加以等同，引起許多影響深遠的混淆；但是在二十世紀，尤其中葉以降，兩者的發展與受人推崇，卻是互爲因果，相生相長。兩者在教育的領域裏也造成廣泛而深入的內容上和策略上以及方法上和理念上的創新改革和成見固執。今天不僅科學的學科普遍出現在學校的課程裏，而且受到特別的重視與強調；我們更不厭其煩地提倡科學教育以及科學的教學法。冠上「科學的」一詞成了本世紀的時髦事物和受人擁讚稱頌的表徵。事實上，如果我們細心省察，在多少地方，我們只是假借「科學」之名行事，輕易地將科技與科學偷天換日，製造假象。比如，那些號稱科學先進的教學輔助器材，像以往的電化教學設備，後來的電腦輔助教學系統，以及現在的「交傳電視」(inter-active TV)等等，有多少是眞正根據「科學的」教學設計和教學方法給人拿來使

用，而不是因科技先進，好新鬪奇，並且在消費主義和標榜前進的個人好大喜功的推波助瀾底下，到處購置，因存在而使用，因新奇而使用，爲使用而使用！今天，在多少場合我們該用筆算或心算的，我們使用計算器；多少時候我們該用心思想的，我們轉求電腦。

科技 —— 尤其是在二十世紀的消費主義下的科技，幾乎在本質上就是求新求變的。在這個意義下，新科技常常就是好科技。可是如果我們事先懷有特定的目的和標準（比如在敎育事業當中），情況可能完全兩樣。科技不一定解決我們敎育上的問題，更新的科技不一定更美好地解決我們的問題。我們往往盲目使用科技，只因爲科技之狼假借了科學之虎的威望的緣故。但是，事實上現代人對於科學之虎的信賴和推崇，絕大部份也是無根無據的。

如果我們追問科學爲何物，我們自然會回溯現代科學萌芽的經過，思索考察現代科學的文化傳統。從精神上的特點來說，現代科學的開拓努力雖然和古希臘的求眞精神前後呼應，但卻不是一脈相傳。經過中世紀的宗敎權威高漲的文化洗禮，現代科學是人性求眞努力的重新出發和更高發展。它要打破權威的禁錮，給經驗證據合理的地位，不迷信盲從於概念演繹，而重視張眼觀察「客觀」世界。這是人類心靈的又一次解放。可是由於實在論和絕對主義的興風作浪（哲學的文化傳統），現代科學終於沒有在方法論的自覺上提升到更高的層次，而不知不覺地將科學加以絕對化（甚至神聖化）。到了十九世紀末葉，有多少聰明才智之士理直氣壯地認爲科學的眞理是絕對的眞理，科學的知識是最後的知識，科學的精神是至高無上的精神。牛頓那「我不造假設」之宣言和康德對傳統邏輯和古典物理學的哲學附和，在在表現出這種將科學加以絕對化的傾向。現在我們事後觀之，科學推翻一種宗敎而自己成立一種新的宗敎。

　　雖然二十世紀的知識發展足以打破人們對科學的迷信和執著，使人類的精神再一次獲得解放的機會。可是科技那令人眼花撩亂的進展，以及其他社會的和文化的因素，令人在全心擁抱科技之時，不知不覺地也一起崇拜科學。我們沒有停下來反問：如果我們的生命有它獨特的目的，如果科技是要用來增進我們的生活（比如提高我們的生活品質），那麼，並不是愈新的科技就是愈好的科技。同樣地，如果我們體認到人性之中的求真要求，而科學的目的（或主要目的）在於求真，那麼將它絕對化本身就與求真的精神相互違背，盲目崇拜科學本身就是「不科學」（甚至是「反科學」）的。

　　二十一世紀的教育工作者面臨一個新的挑戰。自從非歐幾何、量子力學、相對論以及非傳統邏輯等等出現之後，人類的知性視野（識野）海濶天空地打開，人類的理性自覺（包括方法論的自覺）提升到史無前例的高度，我們在繼續倡導科學的教育或科學方法之時，一定不能拘泥於科學文化傳統的「內容」，而必須直接把握這種文化傳統的精神或「形式」。把科學絕對化，固然違反目前大家極力讚擁的「多元價值」與「多元主義」。但是無法真正對科學的文化傳統做出合理的重新詮釋，將令二十一世紀的多元精神無根飄浮，甚至等而下之，淪為知性上的無政府主義和虛無主義。如果是這樣，教育事業更不知要建立在什麼文化基礎之上。

一九八八年十一月二十八日

注　　釋

❶　參見作者所著＜方法論與教育＞，收於杜祖貽、劉述先編《哲學、文化與教育》，中文大學出版社，一九八八年出版，頁265～295。其中第二節論及方

法原理論。

❷ 有關一般記號學之關懷對象，參見作者之＜藝術要怎麼評論？——論藝術記號學之開發＞，本集，頁19～67。

❸ 事實上，在「科技的文化傳統」一詞中出現的「科技」一語是個很富歧義的名詞。有時它與「科學的文化傳統」中的「科學」並沒有密切的關聯。因此，在一個具有不科學，甚或反科學文化傳統中，不一定不會蘊發「科技」的傳統。

❹ 此種處理方式之所以比較狹義，是因爲我們得限制可資處理（可供加工）的資訊（信息）。

❺ 有關「世界文化」和地方文化之關係問題，參見作者之＜世界文化、世界哲學與中國哲學的再建問題＞，收於作者之《文化、哲學與方法》，一九八八年出版，頁9～30。

道德教育需要什麼哲學理論基礎？*

1. 道德與道德教育

一般我們談論道德和道德教育時，好像假定兩者都概念清晰，指謂明確；其實，並不盡然。道德有種種不同的深淺和樣式，道德教育也可以有殊多彼此迥異的方向與理想。

先說道德。讓我們發問下列的問題：

(1) 我們常常要求別人講道德，我們也要求自己有道德。要求他人的道德和要求自己的道德在內容上和品質上，是否時時都完全相等？

(2) 像「要誠實，不要欺騙」或「對父母要敬愛」固然屬於一般我們心目中的道德範疇；但是像「寧人負我，我不負人」或「在愛情之中，不求對方奉獻，只願自己犧牲」等等，是否也在同一意義和同一運作原理下屬於道德的範疇？

(3) 假定著「溫飽而後知榮辱」這個前提，接著衍發出來的道德行為，是否也和「誓死不食周粟」所表現的屬於同一層次？兩者同歸一般的道德範圍？

(4) 我們很容易同意教人「博愛」常常起於道德的考慮，可是由仁「人」而愛物，由不忍殺生到不願摧殘花葉，是否也是屬於道德上的理想？

(5) 有時我們清楚明瞭服膺現成的行為規範是道德行為的表現，

可是有時我們也自覺意識到反抗現成的行為規範才是道德勇氣的表現；這樣才能臻於自己的道德理想。試問，當我們這樣論及「道德行為」、「道德勇氣」和「道德理想」時，我們心目中的「道德」是否意含一致，層次相等？

(6) 道德常常在人際關係中顯現出它的重要意義。可是在不牽涉別人的時候，講究道德還有沒有意義？如果有的話，兩者之內涵是否相同？兩者的關係如何？

(7) 我們聽過「強者的道德」和「弱者的道德」。兩者只是內容不同的道德，或是不同品種的道德？我們一方面主張盜竊屬於不道德之事，可是另一方面卻又聽說「盜亦有道」，這樣的道，算不算是一種道德？如果算的話，我們可不可以有「不道德中的道德」？反過來看，有沒有「道德中的不道德」？

(8) 於是，我們可以進一步發問：我們是否以道德的眼光去衡量道德，以道德的標準去評判道德？若是，那麼除了道德之外，我們是否還有「後設道德」(meta-morality)？❶我們有沒有終極的至高無上的道德？

我們可以因為設想道德之事而發問像上述這類的問題（以及其他更多的問題），當我們深思細想這類的問題，做出一些分析探討之後，也就很容易發現，一般我們所關心和所談論的道德，往往並非概念清晰，指謂明確。事實上，道德除了是種乏晰概念之外，它也常常指謂著不同層次、不同嚴重等級、不同實用程度、不同表現形式以及正面與負面有別、積極與消極各異的存心立志、觀念理想、品格性情、行為傾向、行事動機、行為規範、綱目信條和實際行為表現等等。由於道德具有這樣的紛雜指陳和參差意含，因此當我們論說道德教育時，即使無法將其概念完全固定（因為它的乏晰性），把它的指

涉對象和範圍加以統籌劃一（因為它的歧義紛指），但是至少我們自覺到問題的複雜、多面和不明確性；遇到必要時，可以重新檢討問題的提出方式、組織方法和問題所安置排放的情境脈絡。

談到道德教育，首先我們不宜忽略下列諸事（讓我們也以問題的形式加以表達）：

（1）怎樣的言行舉止算是在進行道德教育？道德教育有一定的格式嗎？它有可以明顯加以檢照的典範嗎？說教嘮叨是一種方式，親切叮嚀顯然也是一種方式。當頭棒喝呢？潛移默化呢？我們固然有正面的道德教育方式，但有沒有負面或反面的教育方式？它有積極的方式，有沒有消極的方式？

（2）某一言行舉止算不算在進行道德教育（尤其算不算進行了或者完成了此等教育）主要應該由受教者的角度去衡量，不應該專從施教者的觀點去考察。如果從這個方向去看，有多少設計來充當道德教育的作為，事實上變成了他種教育（比如變成知識教育），甚至等而下之，變成了道德上的反教育？相反地，有多少本來似乎不是設計來從事道德教育的作為，卻明顯地變成道德教育的一種形式或一個環結？（以往我們中學裏的國文教員在中學生的道德教育中所扮演的積極角色，值得我們深入研究。現在中學裏的國文教員是否逐漸喪失了這種功能？為什麼？）

（3）許多其他方面的教育往往可以抽離出來單獨進行而收到預期的效果。比如科學教育、數學教育等等皆是。可是道德教育可以離開其他教育的程序和成果，自己單獨進行嗎？我們能不能想像一種「純」道德教育 —— 不牽涉智育（或知識教育），不牽涉羣育（或社會教育），也不牽涉美育（或藝術教育）和情育（感情教育）？事實上，在知識的獲取和藝術的創作之中，我們往往有意自外於道德判斷（以免落入

「泛道德主義」的窠臼），可是在道德價值的追求上，我們顯然無法自絕於知識的結論；不僅如此，我們可以離開藝術價值的追求？可以沒有感情價值的堅持（特別是愛的投入）？

說過了前面這些之後，我們可以比較不獨斷了；也可以比較不將有關道德教育的許多問題加以絕對化和簡單的片面化。道德教育是一種複雜而不是直截了當的事。

儘管如此，讓我們在這裏採取它最核心的部份來加以論說（等遇到各種錯綜複雜的情境和關鍵時，再對我們所道說的加以修補增訂和改良發揮）。首先我們可以試問：道德教育的目的何在？總括起來，我們暫時將推行道德教育的主要目的區別為下列三個類型：

第一、養成個人的道德合羣性，以建立社會的道德秩序。在這個意義下，一個施教者主要的考慮在於培訓一個受教者，令其言行舉止不乖離社會既有、曾有過或理應有的行為模式、價值觀念或生活理想。（我們無法將它說得更加簡單明確，因為道德這個概念的乏晰性以及它那歧義紛指的性格。）這種道德教育（或者說：道德教育的這一層面）所著重的——從實質上看——是社會的穩定和有效的運作（或者社會建構和體制的保留與發展等等）遠甚於個人品德的修養和個人生命素質的提升。當然，在教化的過程中，人們可能使用許多「合理化」的文飾。

第二、促成個人道德的覺醒，以發展道德的自覺和反思，養成道德上的判斷和批判的能力。顯而易見的，這裏包含了多種類和多層次的目的。尤有甚者，知識和一切知性的發展都和這一類的德育目的產生極其密切的關聯。在不同的社會、在不同的時代、在不同的文化現狀和文化傳統裏，由於知性發展的情狀、模式和程度的不同，對於這類德育目的的實際要求和具體期望也往往有所不同。可是不管從施教

者的觀點看這類德育的實際要求和具體期望到底爲何，一個施教者完全無法事先規定或創制道德的條目內容或行爲規範的準則做爲死板的施教目的。我們甚至可以說，對於這類德育目的而言，沒有眞正的施教者，只有啓發者或引路人（也在懷有這類目的的德育進程中，教學相長具有很鮮明而重要的意義）。

第三類道德教育的目的可以說是在於建立道德品格，培養道德自許，完成道德自律（以別於種種意義與程度的他律），使自我成爲道德的主體，而不是社會建制的制約下的工具。這時個人成了道德的創制者，正好像個人是藝術品的創作者一樣❷。他成了情願背負道德使命的人——一點都不是受指使或被利誘，是無條件的心甘情願。這是道德教育的極高理想❸。

當然，我們一想即知這是一種難度甚高的德育目標。事實上，就一般正規的學校教育來說，這類德育容有優美動人的榜樣，但卻沒有妥當有效的敎程。在這個關鍵上，言敎也就永遠無法代替身敎。在許多高貴的品質上，人心可以被感染，但卻難以被制約。德性（道德品質）和藝術品格的成就依賴磨鍊和修養，無法得自資訊（信息）和說敎。道德不可能加以知識化。

從個人的道德修養和德性成全的經歷看，上述三類德育目標往往是一種自然的「心路歷程」和「情懷彼岸」，但是我們卻不宜隨便將它們指認爲一般道德教育的三個連續階段。不說別的，第一類的德育（爲了達到第一類目的的德育，下同）和第二類的德育不但在施行的方法上經常不同，兩者進行起來也往往互相衝突。尤有甚者，在兩者之中，不但「道德」這個概念之內容常不一致，就是「敎育」的內涵也大不相同。

也許有人會將前述三者看成是一個人的道德（或道德律）的「內

化」過程。這也是我們所應該避免的。「內化」這個概念如果用得比較準確些，那麼上述的第三類道德成就並不是內化的結果。我們必須注意，並不是屬於內在的東西都經過「由外而內」的形變過程所生成（假定我們將「內化」用得過分廣泛，則又失卻它原來可以具有的說明力。比如，有些人可以由於被洗腦、受威脅或遭利誘等等，而將本來「外」加於他的行為規範，「內」化成自願的指導原則）。分析到這裏，我們也就可以看得出當我們說一個人「有道德」和說一個人（的行為）「合乎道德」並不一定是同一回事。這不只是有沒有內化，或者是不是形諸於外的「外顯」之間的區分問題。

2. 道德教育需要講究什麼哲學理論基礎?

如果我們已經看出「合乎道德」和「有道德」並非一定合一，那麼我們要進一步發問一般我們心目中的道德教育是以何者為理想目標？作者認為通常在學校教育體系中，我們總是取法乎上，將理想目標訂得高遠而博大，心存人類文化發展、文明演進、社會進步和個人生命素質的提高，而不是目光短淺地只以一時一地的眼前格局或當時需要，做出一些頭痛醫頭、腳痛醫腳的補救工作，甚至進行一種削足適履，桎梏人心的築籬自限和條件制約。所以道德教育理該有別於道德訓練，它與道德輔導、道德說教、道德誘導等等也應有所不同。如果是這樣的話，顯然我們學校的德育理想應該訂立在成就上一節所說的第三類的德育目標之上。倘若事與願違，進行得不甚成功的話，至少得乎其中而獲致第二類的目標。我們不可以將道德教育的理想取法乎下，訂在為現存的道德規範培訓忠實信徒和永遠不會揚棄目下既定的道德條目的實行家等等這類的「現實」功能之上。（這樣一說，　令

人想起道德上所謂功能主義。）❹ 不然的話， 學校的教育也就永遠無法爲社會注入新的理想。很簡單地說，我們理應在道德教育理想中成就個人「內發」的道德（自發的， 內在的），而不是著眼於將社會上的道德在受教者身上加以「內化」（至於受教的結果， 許多人可能內化了現存的道德規範。 那是另一件事）。正好像知識教育一樣，學校的教學理想並不訂在專門傳授那些具有社會的現存「市場」價值的資訊信息。

可是前面說過， 第三類的道德教育目標是沒有妥當有效的 敎 程的。我們需要生活的榜樣 —— 現存的榜樣（當然最好是施敎者自己）、曾經有過的榜樣（歷史人物）或是人爲的想像的榜樣（比如詩歌、戲劇、小說中的角色）❺ 。道德敎育在這個意義下， 往往是間接迂迴地提供必要（而非充分）的知性和感性的媒介，使生活榜樣明顯而相干地呈現出來， 發揮感染催化的作用。從這個角度看，我們也就容易體會到爲什麽表面上似乎無關德育的活動，在實效上產生了道德教育的作用。作者主張學校的德育應該由美育和情育入手。但這屬於如何進行德育的問題，不是本文討論的範圍。

敎育是一種活動或作爲，道德敎育當然也是。任何的活動或作爲當進行得順利無礙，不生難題或困局時，我們也許因爲覺得理所當然而不多問爲何進行該類活動，怎樣去進行該種作爲等等。可是等到進行得不順利，積壓了難以消解的問題或難局時，我們就會反過來對該類作爲加以種種的檢討和反思。其中一個重要的層面就是追問「要怎麽進行」、「爲何如此進行」以及「何以進行此類活動」等等。爲要解答這些追問原因和理由的問題， 我們設法去尋求該類作爲的理論基礎或理論根據。

道德教育從來是有難題的。到了二十世紀中葉之後， 那些難題顯

得更加尖銳和迫切。別的不說，重認知而輕情意的心態令道德的談論似乎顯現不出「客觀性」，可是道德一經知識化似乎只是淪爲民俗的認知，對於指導人類行爲而言又顯得不但無能爲力，而且愈來愈不相干。不僅如此，當今盛興的多元社會的背後涵蘊著多元價值，包括道德的多元價值；於是道德教育更加不知何去何從了。所以談論道德教育的理論基礎問題並不是無中生有，巧立名目；也不只是爲了滿足好奇心，可有可無；在當今這個世代它的確具有迫切的重要性。

我們可以就德育的推行，發問下列的問題：(1)爲何(基於什麼原因)進行德育？(2)如何進行德育？(3)進行(某一類的)德育有何理由根據？

前兩者是「經驗的」或「科學的」研究範圍。我們可以發展道德心理學、道德人類學和道德社會學等等來回答這類問題。第三種問題則是哲學的或是廣義的邏輯問題。比如我們可以在下列的研究中爲該類問題提出答案：道德系統結構研究、道德語言的邏輯研究、道德的價值論(或道德的價值哲學)、(哲學的)人性論、道德的形上學等等。當然我們也會涉及教育哲學。

作者認爲展望二十一世紀的文化發展，面對日後德育可能遭遇到的困局，我們應該優先討論人性論的問題和道德價值基礎的問題。在人性論上，作者提出(重述)「人性演化論」的觀點，並強調人類的表意系統(廣義的語言)和表意活動在人性演化中所擔任的樞紐角色，從而也強調道德語言的特殊功用與問題以及它的重要性。在道德的價值基礎問題上，作者主張將道德價值建立在藝術價值之上。道德的末梢可能是實用的公器，但是它的極致卻是一種藝術的品質。

採取這兩個觀點之後，人與人性呈現出不同的面貌，道德當然也就取得新的成立根據；就是道德教育問題，也將露出新的曙光。不

過，這樣的觀點和傳統哲學上的許多說法互相牴觸。比方，作者拋棄了本質主義，棄絕了建立在它之上的人性觀；同時在價值論上，捨棄價值的實在論（當然也就一起拋除道德價值的實在論）❻，而建議採納一種特定意義的唯名論。

說到這裏，顯然有些詰難會立卽出現。我們最好首先簡單一一加以回答。這樣可以澄清概念，幫助進一步的討論。

第一，如果接受人性演化論，那麼人是什麼而不是什麼豈不是沒有一個定數？比如，人會不會又變成禽獸？

答覆❼：我們說的人性不僅是生物上的人性，更是文化上的人性（後者當然含有前者的基礎因素），演化亦然。其他動物只有生物上的演化，人類的特別處在於除此之外，還有文化上的演化。演化是種漫長而艱苦的事，不是輕鬆容易爲之；而且一經演化到某一境地，佔了各種有利地位之後，會有很長時間的「適者生存」。因此，除非有極大的環境生態變動，人性容有逐步的發展，不容易有巨大的演變──在這點上，人類表意系統（語言）的相對穩定性和保守性首居其功。相反地，要往後回歸的反演化也就難上加難。所以，人會不會淪爲禽獸？答案是大概不會，但可以變得（不是人性演化成）禽獸不如。

第二，作者所陳說的道德可能不是那些好引字源字義的學者所指出的「原初意義」的道德。那是不是虛構出來的理想性的道德概念？

答覆：今日我們談論的道德已經不是「習俗」之謂。目前我們所關心的道德教育當然也不是習俗教育。尤其值得我們注意的是，「道德」一詞之拉丁語源自「習俗」，但是它的中文就不是。

道德是種文化事物，它也在文化的進展中嬗變。我們今天所談論的顯然不是比較屬於初民社會的道德，而是爲比較文明的世界裏的人所注重所關心的道德。這樣的道德，在上文業已說過，不一定概念清

晰，指謂明確。它含有理想性的成分無妨，說它是高品質的道德亦無妨。教育事業正是要成就有理想性的高品質的事物。可是這樣意義的道德雖然含有理想性，但卻不是烏有虛構。理由：至今在人間已經不乏此種意義下的道德之榜樣。

第三，把道德的價值終久歸結到藝術的價值之上，這樣做不是扭曲了道德的本義，把傳統的眞善美三大價值排除其一，變得不平衡嗎？

答覆：作者不認爲有「本義」，已見上說。至於在價值根源上排除其一，也不見得不平衡。平衡與否要看理論怎樣建構而定。事實上，作者有意連「眞」都推諸幕後。用很傳統的哲學術語來說，作者有意將眞和善全都放諸「工具價值」的範疇，只留下美（藝術品質）充當獨一無二的「自存價值」。至於「美」的內涵也不採取絕對主義和實在論式的闡釋。

第四，如果連最後的自存價值都採取非實在論或唯名論的處理方式，那麼這樣的價值論是否徒具形式，虛有其表，全無實質內容？

答覆：不是。內容可以演進並不表示沒有內容。

第五，如果連美或藝術品質的內容也在文化的演進中演進，那不是一種文化相對論？那樣的道德觀不也涵蘊一種價值相對主義？

答覆：不是。我們已經捨棄了實在論，避開了相對主義。但是這樣的文化觀點或藝術觀點與道德觀點（甚至眞理觀點）容納多元主義。

第六，什麼動力令人追求美或藝術的品質？它怎麼來的？

答覆：一種珍惜之心，慢慢演進而爲愛心。最初的愛可能是對自己創造出來的事物（包括表意符號、繪畫等）之珍惜，因爲創作是種辛苦的歷程。其成就（成品）得之不易，棄之可惜。

第七，這樣說，那麼就連愛不也是在文化中演進的？它如果沒有完全明晰確定的本質，至少有哪些特徵？

答覆：的確，愛（心）是文化的產物。今日之愛（的理想形式）已遠超原始社會中原始人之間的愛。愛涵蘊著割愛，它涵蘊著一種不求對等，不加計較，不講究公平的奉獻與犧牲的甘心情願。因此作者主張在道德的追索上，我們要努力開發人性的「願然」事物，不要一味停落在「實然」與「應然」的窠臼。這世界有許多愛的榜樣。

愛心（而不是「良心」、「良知」，也不是「善意」）是自律道德的基礎動力。（上列四者在作者心目中並非同物異名）

第八，建立在這類價值基礎上的道德不是脆弱不堪嗎？它還能發揮什麼社會上的濟世功能？

答覆：社會上的安定、繁榮和人們的利益、福祉不應只靠道德來獲取。但是道德理應可以令人性的素質提高。因此接著有助人生與社會的文明進展〔我們除了講仁義，當然也可以（常常甚至也應該）講公義。可是我們不要因為一味講究公義而喪失了仁義！同理，一味講究公平也容易沒有了愛〕。

至於道德是否脆弱不堪，這點很難做答。但是試想：在愛之中，常常強者變弱，弱者反強。

一九八八年十月十三日

注　　釋

*　本文最初發表於「道德教育之理論與實踐」研討會（一九八八年十一月二十五～二十八日）。該會由香港中文大學教育學院與香港教育研究學會所合辦。

❶ 不是後設倫理學（meta-ethics）。它是討論道德理論（倫理學）的理論（一種後設理論）。

❷ 這樣的比喻不是偶然的，也不是隨意而發的。作者主張就其價值根據來說，道德價值建立在藝術品質之上。倘若一定要區分本末先後，我們不妨說：求美並非為行善，可是行善卻是為致美。

❸ 但它不一定是最高的理想（或目的）。比如，我們可以發問：一個人成全了美好的人性之時（而不是之後），是否努力試圖通往「神性」？善良固然是道德的品質，但是神聖呢？

❹ 道德具有社會功能並不表示道德正是因為這些功能而存在；也不表示道德確是依此等功能而成立。

❺ 我們不應將這些「虛構」的角色等閒視之。它們在人生的情育和美育裏具有極為重要的感化作用。

❻ 作者也要拋開帶有絕對主義和本質主義色彩的「真理論上的實在論」。這點雖然與我們談論道德問題有關，但卻不是本文討論的範圍。

❼ 不是「答案」。

哲學往何處去：分析哲學的熱潮過後？

——兼評王浩《分析哲學之外》

0. 前言：現代哲學的轉向

不管我們對哲學所下的界說如何，哲學在人類文化傳統之中，曾經扮演過遠比現在重要的角色。這在西方的傳統上是如此，在中國的傳統裏尤然。

從傳統中國知識份子的觀點來說，堪稱爲哲學的，理應爲人生的基本價值和總體活動提供生成基礎和證立根據。哲學是爲人、爲學和爲政的學問。哲學用來修身養性，用來安心立命，用來齊家、治國、平天下。

可是到了二十世紀，哲學原野出現一種令人失望的現象。哲學不再有用了，它顯得軟弱無能，無濟於人生大事，甚至與人類的文化價值和人生的理想追求變得愈來愈疏遠，愈來愈不相干。

起先是中國在西方文明的衝擊之下，還手無力，應變困難。於是引起知識份子對於中國文化（當然包括中國哲學）的懷疑，認爲中國文化若不尋求新的發展方向，將會不能適存於現代世界，不能與其他文明並駕齊驅，分庭抗禮。於是種種觀念和倡議接踵而出，像「中學爲體，西學爲用」之主張，「新文學」之運動，「打倒孔家店」之呼喚，「科學與民主」（德先生與賽先生）之提倡，「全盤西化」之議論等等。中國人對於傳統那些維繫生命，繁發文化的基本哲學產生懷

疑，並且進一步想在西方文化傳統裏尋找回天復元的藥方。

可是西方文化，特別是西方哲學的原野上又發生些什麼樣的景象呢？

自從十七世紀現代科學萌芽滋長之後，西方的哲學也產生了相應的變化。壓縮得最簡單來說，自然科學的澎湃開展刺激了機械主義的宇宙觀之擡頭，自古以來的宇宙有情說、神創論、目的觀、神人交感說等等，都逐步退居後臺，甚至遭人揚棄。加上文藝復興風起雲湧，思想解放，人本主義濫觴，人的價值和他在宇宙間的地位重新被肯定。尤其是工藝與工業振興，商業發達，中產階級逐漸形成，勢力慢慢穩固之後，人的意氣更爲高昂，人定勝天，人爲萬物之靈的思想更加洶湧氾濫，蔚爲奇觀。

值得注意的是，這樣的普遍風潮或時代意識並不是現代科學的「必然產物」或「邏輯後果」。歷史的發展軌跡並不一定依循邏輯的充分「理由」，它常常採納當時足以振奮人心，激勵創造的有力「原因」。

所以，當我們考察人類思想的發展，包括哲學思潮的興替時，不可忽略細心區別「歷史的原因」和「邏輯的理由」。哲學思想的發展常常可以看出它足夠的歷史的原因，但卻不一定含有充分的邏輯的理由。

因爲現代科學的興起，因爲人本主義的濫觴，現代哲學也因應地採取了一個新的發展方向。就以號稱西洋的「現代哲學之父」笛卡兒爲例來說，他在許多方面（包括基本價值概念、人生信仰和所用語言）都沒有完全脫離中古世紀的學界傳統，可是他做哲學的方法（比如所謂「方法的懷疑」）以及他的哲學方向、哲學問題、哲學主張、哲學系統，以及哲學影響卻大幅度地朝著新的局面發展開拓。總的來說，

哲學慢慢由海闊天空的疆域走向範圍逐步收縮的園地。科學（加上科技的威力）慢慢代替哲學，侵蝕哲學，成了主導文明開展，鼓吹精神目標的力量。

在現代（西方）哲學的轉向開展上說，起先笛卡兒在科學精神的感召下，想要為哲學尋找一個顛撲不破的起始點（「阿基米德定點」）藉以重新建構哲學的華麗大廈。可是，幾經嚴密的推敲懷疑，最後尋找到的卻是一個心靈的自我。在「我思故我在」的保證之下，正在思考的自我的存在是不可懷疑的最後確然性的真實。除此之外，其他事物的存在，就要看該事物出現在自我心中的觀念到底多麼「清晰明確」，而且也要依賴上帝出來保證那些清晰明確的觀念具有外在世界的客觀真實。

從這個轉捩點開始，（西方）哲學走進一條崎嶇多乖的道路。

就算我們不去計較笛卡兒的上帝要如何打發，以及他那不容易避免的獨我論又要如何解決（因此「我外心靈」的難題如何逃避），我們也可以清楚看出從此哲學所受的長期束縛和牢固羈絆。哲學逐漸走向心靈內在的追求，甚於宇宙外界的探索。種種形式的觀念論和各各樣態的唯心論相繼出籠，不斷滋生。儘管在哲學的原野上，理性主義和經驗主義依然對壘，可是兩者都愈走愈無法解決表象與真際對立之舊有哲學區分。結果不是無奈地掉入懷疑主義的窠臼（比如某一層次的休姆），就是退守感覺主義（如極端經驗主義）或表象主義（如笛卡兒主義）之壁壘，而放棄對於真際的尋求。康德宣稱「物自身」之不可知，就是一個明顯而又典型的例子。

這樣發展下去，哲學能為人類解決什麼問題呢？它可望在人類文化傳統裏扮演什麼新的角色呢？

1. 二十世紀的哲學困境

到了二十世紀，哲學在整個人類的文化傳統中的地位已經顯得愈來愈加捉襟見肘了。

對於哲學來說，這個世紀發生了幾個值得注意的文化潮流和風氣。

第一，繼承十七世紀以來的發展，許多原來哲學所探討的問題慢慢脫離哲學的領域，獨自發展，其中有的演變成爲愈來愈成熟的科學。到了二十世紀，不但自然科學再不與哲學發生什麼實質上的關聯，就是社會學、經濟學以及心理學等社會科學，也逐漸以不依賴哲學爲時尚。哲學在所討論的內容題材上逐漸縮小退卻；相應地，它所開發的新題材（如基礎研究等）又無法很確切地展現其重要性和文化價值。於是，哲學受到冷落，甚至被人歧視。

第二，二十世紀被稱爲科學的時代，事實上它更是科技的時代。兩者互相加強，因此許多人也就將兩者交互替代，加以混淆。這樣的混淆不幸地也令哲學無端地受到損傷。

本來科學事業也是人類心靈活動與精神追求的結晶，可是由於它講究實驗方法，帶給一般人無比客觀的印象；又因爲它能發展器械，帶動技術，留給平常人無限實用的感覺。一時科學的追求幾乎變成人類文化追求的最高形態，科學的知識與認識差不多成了人類知識和認識的典範和榜樣。在這樣的心態之下，不足爲奇地形成人們一種過份信賴科學的態度，甚至進一步演成科學萬能的錯覺，以爲科學能夠解決人類的所有問題，而且只有科學的解決才是眞正而且是最後的解決。在這樣的誤解之下，哲學不再受人重視，甚至沒有被人正視，這是可

以理解的。文化的風潮走向不一定有它充分的理由，但卻有它鼓浪弄潮的原因。

第三，許多研究科學發展的人認為現代科學之所以一日千里，日臻日興，主要是得力於它所用的方法。這也許是個無可厚非，甚至是個正確的見解。可是什麼是導致科學的豐碩成果和高超成就的「科學方法」呢？這時許多問題和誤解也就蔓衍叢生，引致錯誤和不幸的結論。

最普遍而常見的現象是把科學方法直接等同為「實證主義的方法」，並且進一步毫無根據地推論，認為只有使用這種狹隘的經驗主義的方法才能令科學有所進展。更謬誤的是，再向前進一步推論，斷言也只有使用這種方法才可望獲取真知灼見以及一切有益文明發展的知識。於是，在哲學上也要提倡這種實證的方法，等到實證的方法經營不出什麼光彩的哲學時，哲學也就被人棄而不顧，最多敬而遠之。

第四，科學（其實是科技）所帶給人類的實效成果，也常常令極大多數的人對科學之為物，產生甚為錯誤的構想。他們常常以為科學是無隙可擊，絕對準確的。因此，科學的知識是顛撲不破，確然必定的知識。這種誤將科學知識視為必然性知識（因此不會生錯）的想法，如果只停留於此，不再加以推衍，則害處不一定立即顯現，因為遲早人們對科學為何物，會產生比較確切的瞭解。不幸的是，這種誤解往往不自覺地被轉嫁到人類的其他知性（甚或感性）的追求之上，用以評鑑該等追求的理想形態與存在價值。

比如，有些人由於過分信奉科學，於是進一步認為哲學如果還有存在價值的話，也應該（像科學一樣！）具有「確然性」或「必然性」。這樣的想法把哲學的發展推到一個狹隘的窄巷裏。因為這樣的人心目中的必然知識往往指的是像數學或邏輯那樣的嚴密精確的系統

建構。可是如果他們又相信數學和邏輯只是基於概念演繹所得的分析真理，其中並不含有經驗的內容；那麼這樣一來，即使哲學建構有成，對於世界，對於文化，對於人生又有什麼積極的貢獻呢？

事實上，自從哲學家區分了理性的真理和事實的真理（或觀念關係的真理和事實與存有的真理，或分析真理和綜合真理）之後，這個哲學危機就一直存在。康德未能令人信服地證明有所謂「綜合而又先驗之知識」（或判斷），令許多哲學的工作者惘然若失，不知道他們所追求的到底是什麼樣的知識或「智慧」。哲學與其他人生或文化活動的相干性也就大受懷疑了。哲學到底有什麼用處，它的功能與它的價值何在？這在二十世紀的文化界與思想界裏，成了一個有待滿意回答的大疑問。

第五，在上面所說的時代潮流和思想背景之下，二十世紀的許多哲學家對哲學常常採取一種保守而防衞性的態度。比如，有些人會認為哲學對文化、人生仍然有它的貢獻，但是這種貢獻不一定是正面的或積極的，而是負面的或消極的。哲學也許對許多人類面臨的實質問題提不出解決的答案，但說不定可以提供解答的方法；它或許無法告訴我們有關這個經驗世界的事實，但卻可能指導我們批判性的思考，令我們不落入思考的迷亂與謬誤之中。哲學不是在追求真理，建構知識；它卻是一種活動，一種概念解析或者語言解析的活動。

事實上，曾經在二十世紀紅遍哲學原野的邏輯實證主義，就曾大力標榜過這樣的構想。於是概念分析、語意分析、語言分析、邏輯分析、思想方法和謬誤探討等活動雷厲風行，蔚為奇觀。此風所及，令許多人對哲學大為失望。哲學似乎遠離了生命的關懷，遠離了文化價值的寄望。只要頭腦清楚就可以弄分析，甚至（等而下之），只要口齒伶俐就可以搞哲學！哲學不再受人尊重，可想而知。

第六，特別是等到所謂「日常語言學派」的分析哲學流行之後，哲學的一般聲譽更顯得江河日下，一落千丈。依據此一學派比較極端的想法，哲學上的許多疑難和迷惑，基本上是因為哲學誤用語言的緣故！如果我們好好回到語言的日常用法，就會發現那樣的哲學難題根本不會發生。哲學家一直是在庸人自擾，結繭自縛。回到自然語言的日常用法，正足以點破哲學迷津，引導迷失的哲學羔羊，令其撥亂反正。所以哲學應該是一種醫療的活動 —— 對於不正常、不正當、不正確地使用語言的病態醫療！

哲學由為天地立心，為生民立命，為文化價值開風氣，為人生活動找尋意義的學科，一落而淪為語言病理學、語言醫療術和語言衞生學！

所以，回想起來，哲學在二十世紀的銷魂落魄並不是沒有原因的。當然，即使具有動人的原因，也並不就表示因而就擁有了充分的理由。然而，一個時代風潮之形成往往不是起於深思熟慮。接下去的興風作浪更不容易保持冷靜理智，清醒客觀。因此，對於一個時代的風氣，即使扭轉有待，往往回天需時。

現在許多人覺悟了。現在很少人滿足於將哲學當作純粹是概念分析或語言分析的活動，更遑論將它只看作是醫治哲學家誤用語言的技術。現在哲學的許多部門都開始出現新的思想和新的做法。哲學也不再依循晚近這段時間專以知識為首要哲學的趨勢發展。可是整個的哲學要怎樣從敗廢中振作，自頹勢裏起死回生呢？它要朝著什麼方向蓬勃開展，繁盛生枝呢？二十一世紀的哲學將會呈現一片什麼樣的面貌，它可以為人類的文化帶來什麼樣的新的刺激或新的建樹呢？

2. 「分析哲學」的成就

如果我們將邏輯實證主義以來，倡導分析活動的哲學思潮與哲學運動，統稱為「分析哲學」。那麼，不管它曾經令哲學的聲譽降低多少，也不管我們贊不贊同或喜不喜歡，哲學的世界經過這個思潮運動之後，絕對無法紋風不動，依然故我。今後的哲學，不論其發展的方向如何，全都烙上分析哲學的印記，全都無法視其為未曾存在，未曾風行過。這就是說，未來哲學的發展並不能擺脫分析哲學的挑戰，無法輕易拂拭它所加諸的影響。

從分析哲學所倡議的正面論旨來看，無疑地，它的許多努力都趨於失敗。比如，早期邏輯實證論者所尋求的「經驗意含判準」（認知意義判準）無法建立起來，科學和形上學之間的區分無法明確標定，現象主義和化約主義淪於失敗，形式分析（語法分析）無法兼融語意層次或語用層面，科學理論的結論無法準確標定，科學說明的邏輯也複雜得難以捉摸等等。凡此種種，在在表示分析哲學當作一種狹隘的哲學論旨，或者當作一種改革哲學甚至消除哲學的主張，都算是失敗了。可是如果我們採取另外一種角度，不把它看作是一種哲學論旨，而把它看作是一種哲學訓練，甚至把它當作是一種哲學方法，那麼分析哲學的正面貢獻的確不可加以忽視。

由於邏輯實證論者重視邏輯分析，影響所及，邏輯的研究和討論成了二十世紀（至少中葉左右）哲學界的普遍興趣。這種邏輯的研討不但促進了種種邏輯系統的建構，更重要的是它導致後設理論的研究，以及系統基礎的研究。這類研究令我們對於建構理論所牽涉到的方法論問題加深加強了認識：比如概念形成問題，理論的原初基礎問

題，理論的邏輯結構問題，理論的一貫性與完全性問題，理論與理論之間的比較與化約的問題等等。

對理論建構的深刻認識，以及對系統性質的全盤瞭解，令二十世紀的方法論研究走上歷史性的高峯。今天我們具有史無前例的方法論上的自覺。這種自覺將令人類的智性成果愈來愈趨成熟和健康。

和上述系統研究和理論探討的成果一樣值得重視的，是二十世紀對於語言的哲理研究。

不管是邏輯實證主義也好，或是較晚興起的牛津哲學也好，甚至更早滋長的羅素哲學和穆爾哲學也一樣，全都對語言問題發出特別的關懷，因此對語言進行了不同方式、不同角度和不同層面的哲學探討。

簡言之，這些語言的哲學考察不但增進我們對記號學的一般瞭解（包括語用學、語意學和語法學的基本知識），更值得注意的是，它帶來我們對人類語言行為的深層認識。這類的深層認識將是日後開拓人性論（包括人類理性論與人類感性論）的重要通道。

所以，二十世紀的哲學新領域之一——語言哲學，在分析哲學運動的激盪與催生之下，並不是只產生枝節而微不足道的成果。普遍的關心人類語言行為的後果之一是，我們漸漸由知識論的哲學關懷，過渡到語言的哲學關懷，並且進一步逐漸衍生出對於人類的心靈事物的關懷。作者相信，二十一世紀將是心靈哲學蓬勃開展的世紀。那時，回顧起來，二十世紀的分析哲學運動雖然未曾有意大力開導它的創生，但卻在它的發展上做出了很多實質上的奠基工作。

3. 「願然」世界的開發

在作者的心目中，下一世紀的心靈哲學的一大任務（甚至可能是最大任務）就是「願然」世界的開拓。

長久以來，哲學家區別了「實然」與「應然」，並且企圖使用種種的辦法彌補兩者之間的鴻溝，至少設計溝通兩者的橋樑。他們絕大部份的人相信此種實然與應然之區分，正好對應於「事實」和「價值」的分別。甚至，他們更進一步認爲解決了實然與應然之間的關係與化約問題之後，接著就可以解決人類的價值問題——比如價值的起源問題、價值的證立問題與價值的根據、比較與取捨問題等等。

作者認爲，基本上這樣的想法是錯誤的。

第一，實然與應然之分並非扣緊事實與價值之別。首先，二十世紀的方法論的研究和理論系統構作的探討告訴我們，實然問題並不只是單純的事實問題。撇開事實的確認是否必須依賴理論的把握這個難題不談，人類知識領域中所認定的事實，是有本末先後和等級高下的區別的。所以，實然的問題牽連到整個系統（甚至整個系統羣）的事實，不只關係到一集平舖並列的事實聚合。也就是說，實然的問題除了外在世界的「眞相」到底如何而外，還包括我們人類的概念發明、理論建構和系統衍發。換句話說，實然問題不只是客體性的問題，它也是主體性的問題。它是主體性與客體性交互作用中所產生的問題。

在主體性與客體性的交互作用中，我們不只面臨實然與應然的問題。實然與應然之分是否互相排斥已大成問題，這樣的區分對於我們所面臨的問題而言，顯然絕非共同窮盡。所以，我們不能把一個不是實然的問題（或不是純粹實然的問題）就將之推落到應然問題的窠臼裏。比如，人類的價值問題就不是（或不只是）應然問題。

其次，想要尋求實然與應然的相互化約（特別是將應然之事化約爲實然之務），基本上也犯了一種嚴重的錯誤。它忽視了人類的道德

意志，忽視一種人類反抗現實，反抗天生自然，甚至反抗自我慾望的力量。道德理想的實現常常需要注重客觀世界的現實，但是道德理想的釐定卻不依靠現實世界的品質。試圖將應然事物化約爲實然事物，一開始就扭曲了應然事物的基本特質。

第三，應然事物的把握雖然可以用來說明道德之律令性格和規範本質，但卻不能用以解說道德價值的安立所在，更無法解答一般價值或非道德的其他價值（比如藝術價值）的安立根據。當我們頒佈某一道德律令時，我們總可以進一步發問，爲何作此頒佈。甚至發問此舉有何意義，價值何在。同樣地，人類文化的殊多建樹全都牽涉目的、意義和價值，不可能只以簡單的道德命令就圓滿加以解答。

很扼要地說，人類的價值來源從表面上說，似乎可以歸結到各種人生的需求。可是如果我們進一步發問，並且深入細想，則不可避免地會觸及人類可望懷有的目的性和理想性，尤其是具有理想色彩的目的性。由於人類的理想性在人生人世價值中所佔有的軸心地位，因此我們在此只專就它加以簡略闡述。

人爲什麼生發理想？因爲人不滿足於現實情狀，不滿足於周遭的世界，不滿足於每日的生活，不滿足於同類的行爲，不滿足於自己的表現，不滿足於人生，不滿足於生命，不滿足於人性……。相反地，我們從這些人生裏的欠缺、遺憾和不滿足的意識中，仰望長空，飛鳥翱翔，行雲悠悠；注視大地，百花競艷，野水潺潺；旁觀左右，同類創造發明，異想天開；或凝視夜晚蒼穹，深幽無限；或靜聽原野長風，情思百轉；或閉目冥想，綺念無邊；或揣摩臆測，想像飛揚；或冒險犯難，意氣風發；或情懷受挫，痛苦心傷；或人間不幸，同情憐憫；或生命殘缺，頓生遺憾；或人生錯失，懊悔莫名；或世間悲慘，涕淚難收；或心境提升，割愛忍痛；或悲懷昇華，內心光輝乍現；甚

至罪惡包容，神性隱現……。人類在這樣的心路歷程中逐步地創發人性，塑造人性，成就人性——衍生了我們的理性和感性（感情）。

心路歷程雖然是人類個體的內在事物（心靈事物），但是通過人與人之間的交流傳達，觀摩比較，模仿學習，人類共通的理性與感性也就慢慢發展建立起來。

作者相信人類的理性和感性（也就是說，人性）是在長遠的文化傳統和文明衍發之中，慢慢演進出來的。作者信持一種人性演化論的主張。

人類的文化價值是在人性演化過程中發展成就的。歸根究柢，它建基在人類的有情心靈和情願意志。人因有情，而心生不忍，而能對美好善加珍視；人因情願，而能克制自己，能割愛犧牲，成全美好。這是價值所由成立的根源，也是人生人世的希望所在。

所以，知所祈願與能有情願，人生文化價值出矣。

這也是爲什麼作者主張超越實然世界與應然世界之外，努力開拓「願然世界」的原因。這理應是二十一世紀價值的哲學探討的主題。所以作者常常預言下一個世紀將是個心靈哲學的世紀，而願然世界的研究開發是心靈哲學裏的一個重要課題。

上文說過，本世紀的分析哲學有一個重大的貢獻。那就是語言哲學的開發。作者斷言此種研究將爲下一世紀的心靈哲學提供重要的貢獻。

爲什麼作者如此重視語言哲學的研究呢？主要原因是人性的演化（理性的演化和感性的演化）有它內在的「邏輯」，而這種邏輯是在人類使用符號（特別是有系統的語言）的活動中塑造成型的。願然世界有願然世界的邏輯，我們可以通過願然世界的語言將它加以定性，並且進一步指導其發展。

4. 王浩：《分析哲學之外》

最近著名數理邏輯家王浩出版了一本英文論著，名爲「分析哲學之外」。該書基本資料如下：

作者：Hao Wang

書名：*Beyond Analytic Philosophy*
Doing Justice to What We Know

頁數：273+Xii

出版公司：The MIT Press

地點：Cambridge, Massachusetts, USA and London, England

日期：一九八六年

該書內容摘要如下：

前言（頁iX）

導言（頁1）

第一章：羅素及本世紀哲學（頁45）

第二章：維根斯坦哲學旁顧（頁75）

第三章：一九二九維也納到一九八四美國（頁101）

第四章：蒯英之邏輯否定主義（頁153）

第五章：方法論的考察（頁191）

參考書目（頁215）

王氏這本論著是檢討二十世紀分析哲學的力作。它具有一個不易從章節標題一眼看出的優點：該書一方面照顧到哲學的功能、價值與發展趨勢等等這一類的大問題，另一方面卻又能細密討論分析哲學所面臨的技術性的專門問題。由於這兩類問題的同時處理，因此寫作起來，頭緒較多，不容易層次分明。閱讀起來也難以條理井然，一氣呵成。

從牽涉的知識面的廣度和深度來說，為了充分瞭解此書的論點，並且徹底把握問題所在，同時進一步評鑑書中的論證與論結，以決定對今後哲學應該做出何種要求，何種寄望與何種努力，本書讀者除了需要具備一般的哲學知識而外，最好加上下列領域的認知：

(1) 熟悉二十世紀分析哲學的發展。一方面把握羅素以來的哲學發展方向，另一方面熟諳邏輯實證主義和牛津哲學的問題、方法與困難。

(2) 瞭解羅素哲學的內容，並且熟悉維根斯坦哲學的方法。

(3) 特別注意卡納普和蒯英兩人的哲學發展，以及兩者爭論的問題焦點。

(4) 瞭解二十世紀數學基礎研究之問題與發展。特別留意集合論的系統建構問題。

(5) 把握本世紀在邏輯理論上的建樹以及在邏輯系統建構和邏輯基礎研究的成果。

(6) 涉獵過當代的語言哲學，尤其注意語言與思想，語言與邏

輯，以及語言與存有之關係的探究。

(7) 留心科學的哲學之研究與發展，注意有關科學理論之結構，科學說明之「邏輯」，以及科學傳統演進的探討。

　　假定我們把以上所列的這些領域之認知，當作是閱讀王氏此一論著的必要預備知識，那麼，很明顯地，這並不是一本很容易閱讀的專著。

　　一般來說，五十年代與六十年代的時候，專攻哲學的大學本科生或研究生，具有上述知識者不乏其人，可是時至今日，邏輯實證主義與牛津哲學的熱潮冷卻之後，事過境遷，如今並不是專攻哲學之士普遍都具備上列的知識。因為這個緣故，王氏此書出版之後，似乎沒有得到應得的熱烈反應。這是不公平的，但卻是有歷史的原因的。

　　我們可以說，這本書的寫作和出版大約整整遲了二十年。

　　這本書雖然取名「分析哲學之外」，但是它的宗旨並不在於對廣義的分析哲學做出全面性的批評和檢討。它的主要目的是對王氏所謂的「分析經驗主義」加以論評，指出它的不足與缺失。更加確定地說，王氏所要批判的是卡納普和蒯英的分析哲學，指出他們的分析經驗主義不足以為數學之為物，提出合理的闡說，也不可能為數學的基礎，提供恰當的根據。

　　就這個全書的主要線索來說，無疑地，王氏的論說是服人的。他所依據的前提是卡納普和蒯英對於經驗主義所抱持的基本立場，以及他們對邏輯所懷有的基本態度。這兩人雖然在某些哲學細節方面，爭論激烈——比如對於分析真句或分析真理的問題，就一直爭訟不休，不過，他們兩人的哲學基本主張全都過分偏狹，其中在兩個要點上，兩人是一致的：

(1) 他們都認爲經驗主義是良好的哲學，而根據經驗主義，不可能有（純）概念經驗或（純）概念直觀存在。

(2) 兩人都強調邏輯在哲學上的重要性，但卻都主張邏輯的分析眞理性建立在語文意義的約定俗成之上。

王氏將上述二事稱作是卡納普和蒯英的分析經驗主義之「兩大戒律」（二戒）。接著，在書中不厭其詳地闡釋爲什麼根據這樣狹窄的觀點，富有創造性的數學得不到合理的生成基礎和證立根據。王氏本身在數學基礎上的豐富經驗和卓越成就，使本書在這個主旨上見解精闢，觀點穩重，論據充實，雜多線索把握恰當，陳述與辯解層出不窮，說理論證淋漓盡致。這是本書表現得最成功、最服人的部份。

可惜的是，這部份的評述和論斷也是目前一般哲學專業人士最缺乏必要的知識，因此最容易失卻興趣，無心細察的部份。因而沒辦法充分體認王氏的論點的重要性，無法欣賞他那結構緊嚴，舉證細膩的說理。

當然，就這一層問題來說，並非所有的相干問題全都答案明朗，鐵證如山。關於這點王氏也知之甚詳，而非盲目獨斷。比如，關於數學究竟爲何物的問題，本身就不是一個極爲簡單的「事實問題」。相反地，它是一個複雜多端的「哲學問題」。因此，王氏在這個問題上除了根據自己的見識與經驗而外，還屢次引述著名的數理邏輯家格德爾的見解充作旁證。格德爾在本世紀之初締造了劃時代的「格德爾不（可）完全性定理」，其人其言自有動人之因與服人之理。不過，如果我們細心反思，我們是不是仍然可以針對此點發掘出更多的問題發問，再往深層檢討我們懷有的哲學概念與哲學主張？

比如，我們可以發問：我們是否依舊對數學採取一種本質主義的

觀點？理由何在？我們能不能對它只採取一種功能主義的態度？為何不可？又如，號稱為數學的學科到底構成一個準確集合，或是一個乏晰（模糊）集合？我們是不是要以數學做為人類知識的一種典範（也許不是唯一的典範），或者我們只當它是人類創造系統的一種榜樣？我們拿什麼檢討數學的發展和走向？我們憑什麼批判數學的方法和所用的邏輯？我們要讓數學來引導或扶持理性的塑造？或者要以我們已有的理性去規範或疏導數學的開拓？數學是人類文化的產物，它是人類心智文明的結晶，我們在數學裏體現到什麼文化價值？我們在數學裏成就了哪些精神理想？

王氏曾經在書中透露，他正在著手寫作一本闡釋數學的特質（我們在此有意避免說「本質」），發揮他與格德爾氏所共通共有的數理哲學的專著。以王氏這樣富有豐富的數理學科經驗，又深具哲學宏觀興趣的專家，寫來定有精闢言論和過人見地，讓我們佇足等候，拭目以待。

對於關心本世紀的分析哲學的發展，特別是對留意卡納普和蒯英兩人的哲學的來龍去脈的人來說，本書提供了甚為寶貴的歷史資料。王氏在書中不但細心討論羅素的哲學的發展，以及他的哲學分別對卡納普和蒯英所造成的影響；他也討論了維根斯坦的撼人見解，以及他施與邏輯實證主義者——尤其是對卡納普的影響。不但如此，書末附加了一個編製細膩的大事年表，列出並注釋了圍繞著羅素、維根斯坦、卡納普和蒯英所發生而影響分析哲學的開展和嬗遞的事跡。對於注重思想上的歷史關聯而不只關心哲學理論面貌的人士，這是一項不可多得的資料上的助益。最後，書末所附之參考書目選擇精要，重要語詞與概念之索引編製精良。此書雖有一些誤植錯印之處，但並不影響閱讀與認知。

　　當然，讀者得注意，這並不是一本全面檢討整個分析哲學運動或思潮的論著。它有比較細狹的討論對象——分析經驗主義，特別是卡納普和蒯英的哲學。因此，接受了本書的論證和觀點，並不自動表示全盤否定分析哲學在哲學思潮的繼往開來中，所表現的正面意義，以及所成就的積極貢獻。這點我們已在上文中加以論列闡述。

　　王氏對於哲學具有一份宏觀的興趣，書中多處表現了他對哲學的一般構想和基本期望。但是，因爲這些觀點頭緒甚多，而且在本書裏並未經過有系統的全面處理，所以我們不在本文中加以引介或批評。

一九八七年十一月三日於香港

二十一世紀的人文天地

——認識危機、迎接挑戰、開創未來

0

每一個時代都有人認為自己站在歷史的轉捩點。每一個世紀都有人大聲疾呼人類文明面臨重大的危機。從社會演進和歷史發展的觀點看，這樣的時代覺醒、「自許自重」和文化關懷常常只是一些理所當然、不足為奇的「必然現象」。人類的歷史和社會不斷在演化，人類不斷面臨新的局勢，需要不停解決新的問題，以便繼續生存或繼續發展。原有的知識、直覺、經驗、習慣、建制和方法不一定自動能夠應付新起的局面 —— 而且不一定，甚至常常不是最好的應付方式；可是由於人的慣性、惰性（包括追求簡單，不期望變化等等），以及對權威保持、傳統交遞、建制維護和利害權益之計慮 —— 這些對於保存人類文明，維護社會穩定，甚至對改善生活品質和促進知識進步上並非全都有礙而無益 —— 各式各樣的文化上的消極主義和保守心態很容易隨處滋生，普遍蔓衍。文化的危機感往往是在守舊拒變的心理狀態下產生和加強的。

1

如果只因守舊，這樣產生的危機感並不意味着真正的危機；同樣

地，假如只在拒變，那麼我們所吶喊的「危機」也只不過是種假危機。它只是一種心理上的欠缺安全，而不是文化發展上的客觀危殆形勢。在人類的文明裏，新的文化事物和文化傳統繼承而接着取代舊的文化事物和文化傳統，這本是一件司空見慣而又最自然不過的事。它之司空見慣，彰明較著於歷史，無需贅言；而它之順理自然，則是因為人類總是不斷產生新的意識，生發新的經驗和滙聚新的知識的緣故。守舊拒變的（假）危機感往往成了抗拒演變，甚至抗拒進步的動因。那顯然不是一種開放而健康的心態。

當然，在文化除舊更新，生滅交替的進程中，那些被揚棄、被淘汰、被忽視或被遺忘的文化事物並非樣樣都是歷史殘渣，不堪回味。事實上，許許多多的人類文化遺產全都品質精良、光彩奪目。置之於古董店，則價值連城；收納於博物館，則令人喜愛不禁。尤有甚者，許許多多的文化遺物，自今觀之，或已陳腐老套，欠缺生機，可是它們在人類社會演化、知識累進和文化傳遞上卻往往扮演過重要的角色。它們所代表的精神，以及它們所開啓的意義，甚至在我們當今的生活方式與知識和技藝（包括科技）中仍然生存活現，軌跡可尋。現在，我們常聽人家懷疑所謂的「傳統智慧」。然而，在文化的傳遞繼承之間，常常需要加以懷疑的只是已經老化的「傳統」，而不是不斷可以重獲生機的「智慧」。

2

對於關心人文天地的拓展的人士來說，有一種萬分重要的判斷和抉擇，本身就表現出人類文明演進中那不可或缺的「人文智慧」：我們必須確定在當今或舊有的生活方式和文化傳統中，哪些文化事物比

較適宜交付古董店流傳，另外哪些適宜撥歸博物館珍藏。在人類文明的交遞轉化和創生再造的過程中，有一個世世代代不斷重演的悲劇：高尚的情操欠缺智慧的引導，最後淪爲抱殘守缺的破滅。我們自己視爲珍寶的，留待他人當作垃圾加以丟棄。同樣地，一個時代，甚至幾個世紀擁爲至理眞言的，時過境遷，人情世態更易，加上人類經驗與知識累積嬗變，終於被目爲迷信或「道聽塗說」。我們必須在生命的智慧與歷史的聰明之間，平衡選擇，割愛取捨，判定哪些文化事物只是個人或時代的癖好偏見，敝帚自珍；哪些才是適宜繼續推廣傳播，值得進一步發揚光大的文化寶藏。

在人文的天地裏，這類的判定與抉擇常常隨伴着傷感與痛苦。可是如果我們要迴避後世傷懷回顧起來的懊惱，我們只好現在忍痛付出明智前瞻的遺憾。

說來似乎詭異：我們愈早判斷某些文化事物之「不合時宜」，心裏準備加以放棄，我們愈有充分的機會爲它尋覓適當的「古董店」，建造合宜的「博物館」；因此，反而更有機會選擇性地爲那些事物保存完好的品質和面貌，留諸後世，讓將來的人決定如何使用 ── 藉之懷古傷逝，品鑑玩賞；或者從中吸取智慧片羽、情懷吉光，從而豐富自己的文化內涵，甚至重整他們文明發展的方向。

可惜每一時代許多關懷文化發展的有心之士往往不是過份低估新起文化的創發動能，就是過份高估傳統文化的續存力量。因此沒有早做評估判斷，取捨抉擇；他們常常假定全盤的生活方式可以繼續保存，設想當時百般可貴的文化事物能夠不斷受人接受，令人喜愛，甚至進一步給人加以發揚光大。結果，表面看來高尚悠遠的情操和無私無我的文化關懷，卻因過份的自信，倔強的自許和沒有分寸的保守，最後演成一片令人傷懷遺憾的文明場面；新青的生活方式割棄傳統文

化，不顧一切自求發展；傳統文化嬗衍無方，拓展失據；不多時，老成凋謝，承繼乏人，文化斷層，花果飄零。百年來的中國文化原野，不就是這類令人傷感的寫照？

3

而今，二十一世紀已經加速腳步在不遠的地平線上迎面而來。我們差不多可以蓋棺論定地將二十世紀收藏到歷史的記憶裏，當作人類文明演化的見證和文化更替的檔案。

二十世紀，尤其是二十世紀的末葉，人類世界興起一片有目共睹的文化現象，那就是文化變易的加速與不斷加速。這一個「世紀特徵」演成許多派生現象，其中最值得注意的是開放心靈、開放社會與開放體系的濫觴拓展，以及多元方法、多元價值、多元社會與多元主義（多元意識型態）之崛起氾濫。在這樣的文明景觀和文化現象裏，不但古典式的文化保守主義顯得上下無着、進退失據；就是傳統式的文化激進主義也再不能目空一切，爲所欲爲。人類將在二十一世紀逐步見證到文化變易的速度的極限，慢慢養成更加成熟的集體心態，造就遠比現在更加穩定平衡的理性和感性（包括感覺、感應和感情）。二十一世紀將會是人類文明的另一次喜悅（是否算做是另一個高峰，就看我們現在與將來的價值判斷之標準而定）。這是另一次人性進展的希望。

可是對於人文事業來說，新的世紀固然帶來新的契機和新的希望。然而另一方面，如果我們自限於古舊的格局，甚至拘泥於呆板的處方，那麼新的世紀可能展現新的陷阱和新的危機。過去五十年，我們眼看大量的人文學科的發展和研究並沒有與現代世界中的現代社會

裏的現代人的現代經驗與現代心態密切關聯在一起，然而從事人文學科研究的人卻又沒有宣示也沒有自覺到自己所進行從事的只是文化古董店或文明博物館的工作。我們也可以說，這個世紀有不少人文學者生活在一種自己編寫的幻景之中，一方面我們自認自己所從事的人文事業的寶貴和重要，另一方面卻無視、忽略或不願承認我們的經營方式已經令那些事業愈來愈遠離現代人的生活方式，愈來愈與現代人的（現代）文化疏離無干。這種幻景如果仍然籠罩着今後的人文天地，那麼二十一世紀極可能會見證人文事業的一次空前的萎縮和失敗！

今天，我們眼見許多古來是人文學者擅長的題材範圍漸漸轉移到其他學者的經營管轄的園地之內。原來是歷史學者發言的場合，現在成了社會學家滔滔不絕的時刻；原來是哲學家馳騁思辯的論壇，現在成了心理學家口沫橫飛的地方；原來是文學家藝術家苦心孕育的寵兒，現在成了電腦學者虎視眈眈的獵物⋯⋯。現在，一個有訓練，有經驗，口齒清楚的新聞記者，當分析現代世界、現代社會和現代人的問題的時候，可能講得還比許多人文學者更能理直氣壯，更為兼顧四方，更加頭頭是道。人文天地萎縮退卻了，人文學家隱形不見了！

我們不是在此專門小心眼地斤斤計較劃地分界。我們所關心的是在當今人類文明的大地上，人文學者到底栽種出什麼樣的異草奇葩。我們不一定要求專利衞護人文「專」業，可是我們所關心的人文「事業」呢？

不錯，二十世紀的末葉曾經響起迴顧人文的號角。有些關心社會的人「重新發現」人文的價值。然而，對於人文學科的從業人員來說，這是一個令人憂喜參半的現象。它表面上帶來值得歡呼鼓舞的注意，可是骨子裏卻含藏着一種嚴峻艱澀的考驗。不但如此，我們所受到的注意與青睞，有一部份可能只是短暫片刻的迴光返照，甚至只是

這個時代的「多元主義」與兼容並包精神下的「通融照辦」和「聊備一格」，是無關痛癢的花瓶點綴而已。

4

所以，我們躬逢際會的契機可能也是陷我們於困境險地的危機。我們能否不負衆望，在二十一世紀的新的文化秩序裏，做出人文獨特的貢獻；或者我們在解決現代世界、現代社會與現代人的問題的努力上，無能乏力，節節敗退，以致領土收縮，園地失喪，最後淪爲不受重視卻受保護的稀奇品種？

5

所以，我們要追問的並不是如何走出「象牙塔」的問題 —— 那並不是一個大問題，因爲象牙塔並不就是古董店，象牙塔也並不就是博物館；何況象牙塔中正有許多美好優良的品質。我們的問題反而是能否居象牙塔之高，則潛藏創造，而不只在故紙堆裏徘徊流連；處象牙塔外之遠，則胸懷世界，行之而有現代知識之據，且言之而有現代人的經驗之物；不只是參與大衆撥弄現象，製造聲勢；也不只是跟隨他人生發假象，取寵宣傳。

也許這樣說來，人文學者的負擔未免辛苦而沉重，他們需要奔走的路途未免漫長而遙遠 —— 這正是「任重而道遠」的意義。可是，我們現在面臨的局面並不是領地保護主義下的天賜福壽，我們所處的時代是開放體系中的公平競爭和自力更生（或自生自滅）。傳統意義的人文事業並不一定需要傳統意義的人文學者來從事，二十一世紀新時

代的新人文事業更加沒有必要明定文化上的分區別域，甚或不可能強制劃分學術上的——更不要說是「學統」上的你我他她。今日的人文事業不能靠明日新起的「人文學者」來加以立例保護：他們有他們自己的文化事業——也許從我們今日的觀點看，他們的文化事業太不傳統，我們不願繼續以「人文」呼之。（但是除了興嘆，除了發生「危機意識」，我們還能做些什麼？）

　　我們知道，在新的世紀裏，人類將會進一步或深一層領略到通古今，會中外，貫「天」人，達心物之重要性，因此必定會在深入的分科別門的鑽研之上，開創許多羅網密佈的跨科統合的研究。今日的人文學者面對這一新的局面，做出了什麼因應的心理準備？做出了什麼相干的研究方法的改良？做出了什麼有效的學術領土的墾荒開拓？我們是不是仍然在世紀更易的驚濤駭浪之下，處變不驚；在其他學域猛烈除舊翻新的局勢下，照舊主張「以不變應萬變」？我們固然不同意「但求燦爛，不求永恆」，可是我們會不會在無意和無知之間跌落到另一個變相、虛設而渺茫的極端：我們寧可追求「時光隧道」內的靜止的永恆，而不知努力創造與時代同步並進的瞬間片刻的燦爛？

　　人文學術一向志在博大，不僅如此，它同時也一向志在精深。可是經過本世紀的節節失利和層層萎縮之後，我們是否仍然可望富有創造活力地踏入新的世紀，既能博大又能精深地參與——甚至領導二十一世紀的文化開拓、文化抉擇和文化闡釋？展望將來，我們能否一片樂觀，滿懷希望地肯定確認到人文學科的堅靭雄厚的生命力？這點最是世紀之交的人文的大難題。它遙指二十一世紀的人文希望，也暗示它的最大危機！

6

在二十一世紀的文化天地裏，人類亟需富有新知識，懷着新眼光，面對新經驗，採納新方法的達人通才。可是，到時哪一個領域最可能有效地培育這類的通人呢？如果人文學科不及早易轍變革改弦更張，會不會在一向主張博大的人文裏，反而產生不出經世濟人的通才？人文而無通才，人文所剩幾何？!

7

所以，今日我們不能仍然繼續圖謀以不變之原理因應萬變之局面。在當今新知突起，經驗多變，人類思想愈來愈開明無礙的情況下，只有像「木乃伊」之類的才可望以不變應萬變；也只有死亡終止才算是靜態的永恆。人文不應只是收藏家的死古董，也不應只是博物館裏的木乃伊；人文理應隨着人類社會的演變而演變，跟從世界文明的進步而進步。

二十世紀的人類社會經歷了什麼重大的演變？我們的人文有沒有緊鑼密鼓地跟著演變？二十世紀的世界文明產生了何等的進步？我們的人文有沒有亦步亦趨地參加進步？

8

在本世紀的人類文明現象中，有一個最不可忽視的演化動力，那就是充分發展、急速發展和高度發展的科技。科技是當今文化演變的

最大動力，它也將是二十一世紀主導人類文明的決定力量。科技不僅將決定下一世紀的人類社會的物質面貌，它也將決定人類世界的精神面貌。 它將改變二十一世紀的人類理性， 塑造二十一世紀的人類感性；它將重新界定下一世紀的人性！

面對這一股強大無比的文化力量，我們準備採取，或已經進行了什麼樣的因應措施呢？我們是否已經預備就緒，隨時可以抵制衝擊，接受挑戰？我們是否有能力參與科技，批判科技，甚至領導科技？或者我們只能靠邊危站，袖手旁觀，靜待變化，祈求自保？

假如有一天「知識快餐」工程發達了，人類已經可以像啜飲即溶咖啡那麼簡單地獲取科學新知， 那時我們會不會仍舊停留在十年寒窗，鐵硯磨穿的日子？如果有一天「人工智能」已經造就了更加精明的理性和更加智慧的感性， 我們會不會視若無睹，閉門不理？今天，事實上許多高深艱難的人類社會問題，有待衆志成城，通力合作謀求解決，我們在人文學科裏是否仍然喜愛家傳秘方式的師徒相授，不足爲外人道？

讀史常常令人驚懼愆嘆。有時一門好好的學問不知不覺演成「絕學」；有時一種有品有格的技藝，沒頭沒腦化作「絕技」。人文學科在未來的世紀裏會不會變成瀕臨滅絕的品種呢？

9

認清人文處境的危機顯然有助於我們早做準備，迎接挑戰，開創未來。從基本的工作習慣、工作方法和工作態度著眼，某些努力方向有待我們早日開始加強進行。

第一， 參與科技，與科技的發展同步成長，發展富有科技意識與

科技內涵的人文事業。第二，努力推行集體研究，將人文學科推展到個人力量無法企及的廣度（甚或高度）。第三，參與並引導跨科研究，彌補二十世紀的文化割裂，將下一世紀的人類文明帶向比較有意義的整合。

為了進行這樣的工作，人文事業必須科技化，它必須集體工程化（個人零星的「工程」容易演成不求大進的「雜工」），它必須多元化，它必須「前鋒」化（前衞化）。

一九九一年三月十日

人性、記號與文明

0. 記號科學和記號哲學: 哲學思索的性質 —— 非笛卡兒式的構想

我們在這裏所要考察的是些有關記號 (sign) 的問題。研究記號的學科一般稱爲「記號學」(semiotics)。 不過, 對於我們的討論來說,「記號學」一詞涵義過廣, 它可以指對於記號的經驗性探討, 也可以指對於記號的哲學性考察。 讓我們將前者稱爲「記號 (的) 科學」(science of signs), 或簡稱「 經驗記號學 」(empirical semiotics), 而將後者稱爲「記號(的)哲學」(philosophy of signs), 或簡稱爲「哲學記號學」(「哲理記號學」(philosophical semiotics)。 一般我們常聽到的記號學的談論, 絕大部份屬於經驗記號學的談論; 可是我們在這裏所要說的, 除非特別聲明, 則採取哲學記號學的立場和方法。

不過從被討論的記號問題的分佈, 以及所要獲致的較長程的結果來看, 記號科學和記號哲學的區別遠比我們一般設想的更加乏晰 (模糊) 和任意 (區分判準的隨意轉移)。 不但如此, 除非我們對於人類文化上的極大問題 (比如哲學有何目的) 胸有成竹, 而且大家意見頗爲一致, 並且對於文化上的種種問題的關聯系絡一清二楚, 確定不變; 不然的話, 我們很難明白說出記號科學和記號哲學的分野, 以及兩者之間比較確定的實質關係。 比如, 到底前者是不是後者的事實 (質料) 依據, 或者, 後者是不是前者的理論 (形式) 基礎。如果我

們不知愼言自制，一味強說下去，那麼很多文化上的大問題，說來說去，最後全都變成理所當然，變成「套套絡基」(tautology)。

所以， 在這裏我們要採取一種有別於笛卡兒式的從事哲學 的 構想： 我們不要一味尋求 —— 當然也不必一味避免接納哲學思索上的根本原理和方法起點。哲學思索沒有一定的起點，它在人類理論化的程序上， 隨時隨地可以開始出發。哲學思索也沒有一定的進程與方向，它可以由（相對來說的）小問題開始，上升到大問題；也可以由大問題出發，回降到小問題。同樣地，哲學思索也沒有固定的方法和運作程序； 事實上哲學本身正是要對人類使用的一切方法加以評估 、 批判， 甚至加以改進。從文化演進的觀點看，哲學本身就是方法論，它是方法原理論❶。

我們所要討論的是些關聯在一起的大問題。我們選擇從（哲學）記號學的觀點將問題聯繫在幾個平面上，方便指認和探討。事實上，對於人性問題和文明問題 （ 以及兩者內部的種種大大小小的問題），我們現在所選取的觀點並不是唯一可取的觀點，不過這個觀點可能展示出一些觀察問題的新窗口，以及解決問題的新方向。

我們這麼說，好像在為哲學思索提出一個新的航向。可是，事實上我們無需如此做。我們甚至不應如此武斷。在人類解決問題的過程中，我們不能立法限制問題的提出，因為我們無從決定性地肯定哪些是有意義的問題，哪些是重要問題等等；同樣地，我們也不宜限制解決問題所應該採取的方法 ， 甚至不應明定一種不可改變的判準， 決定怎樣才算是解決了問題（判定某一答案是否算是某一問題的合理解答），因為合理性本身正是一個世世代代不斷得重新提出，重新思察，重新解答，然後再重新置疑的問題。

所以，我們不是在這裏規範或重新規範哲學思索的性質。我們只

是在此描述此時此刻，面對手上（或心中）的問題時，所要採取的工作策略和「進軍計劃」而已。

以上所說的（以及下文將要陳示的），基本上只是我們要在這裏加以展現的「理論」的一個小小的「論結」（一個小小的「系定理」）；如果我們對這些已經滿意接受，或許可以乾脆轉而從事其他較有趣味的活動，而不必計較我們的理論要怎樣建立，要怎樣發展。可是，另一方面志在發展記號理論、文明理論和人性理論本身也可以是文化事物當中的個人品味或時代癖好。到底是否如此，我們永遠找不到一條堅定不移的準繩。

1. 人性演化論、語言決定論與記號人類學

過去十年，作者的一些哲學思索的結果包括幾個與現在的討論緊密相關的論旨。作者曾經將這些論旨稱爲「假設主張」。它們之爲「假設」，是因爲其成立需要依賴研究結果（包括經驗知識）加以給證；而它們給稱作「主張」，則是由於我們在完成給證之前，對它們賦予的認識論（知識論）上的地位。因爲這類給證程序很難全部完成，而且是否完成或完成的程度如何所依憑的原則，本身正是另一類的（實用）假設主張。我們可以說，一切文化上的原理原則，包括知識原理（其中又包含經驗科學知識原理）全部都是基本上眞確性待定但是實際上給人搶先取來應用的假設主張，只是這些假設主張的眞確性待定程度各有不同，而且在不同的網絡裏，同一個假設主張可能具有不同的待定未決的程度（這時我們是否仍然稱之爲「同一個假設主張」則是另一個問題）。

我們要在這裏列出其中幾個假設主張，直稱其爲「假設」，因爲

在我們現在的討論裏，它們不一定是理論的起點根據，它們也可能充當我們理論的部份論結。兩方面的思索可以用來互相參照，互相發明，互相印證（我們不要太早提出質疑，追問如此做法是否導致循環論證）。

假設 1 人性演化論：人性（大致地區分）包括理性與感性，兩者都沒有永恆不變的本質，而是隨著歷史文化而演變。人性的形成自有其天然的（原始人當時已有的）生物基礎，但是我們今天所認識的人性是在文化中代代嬗遞，層層演化的結果。人性繼續不斷在演化的過程中（此一假設明白地反對人性論上的「本質主義」）。

假設 2 語言決定論：（最廣義的）語言決定性地造就了人類的感性和理性。語言決定了人性。除了人類之外，還有別的動物擁有語言，但是只有人類在生物進化過程中，發展出充分的記憶能力、抽象能力和系統性的組織能力，藉以發展他們語言那結構複雜而層次交疊的社會建制。當然這種語言建制發展出來之後，又再如虎添翼地增強人類集體的記憶能力、抽象能力和系統組織能力。這類的能力一經普遍加強，又再反過來加強人類語言的演化……。如此交互加強，層層累進，演成今日人類的智力、感情、理性、知識、心境和語言的長足進展；演成今日的人性和文明。這裏所謂的語言通指一切記號現象：記號建構、記號使用、記號嬗變與記號之各類形變與質變（如記號之神聖化、有機化、擬人化等等）。

人類的語言大別於其他動物的語言。前者是些多層次、多功能、多變化、多媒介……的記號建制。對此類複雜而多變的性質的成功創制、有效運用及可以控制的轉化，決定了人類的優越性。人類通過語

言活動與建制，成了萬物之靈。

假設 3 語用局限論：凡是說辭都是片面說辭（而不是全面說辭），並且凡是理論皆是局部理論（而不是全盤理論）。說辭和理論都是語言產物，它們的內容隨著語言的演變而顯示出不盡相同，甚或極不相同的面貌和樣態。

語言沒有確定的內容對象，人類的使用（語用）將語言的內容暫時設法固定。這是俗成性（conventionality）的基本特色。可是人類的意識活動和經驗內容無法標準化和明確地加以固定，因此我們使用語言的意願、目的和可加把握的程度，隨時都在增減更易，搖擺不定。俗成性的關鍵在於滿足用法（語用）而不志在固定內容對象（語意）。卽使爲了特別的理由或原因，需要設法固定語言的對象內容，我們也只有訴諸自己有限的經驗（否則就又回到語言的使用活動之中打圈迴走，比如語言中的哪些部份彼此關係如何，可否互相交換使用等等）。我們一般只活百歲的人，若與千年之壽的「超人」相比，甚至與壽命無盡的「上帝」比較，彼此使用語言的著眼點和控制方式一定大異其趣。今日，若有漢唐之人復活再世，他們還會寫出那時他們所寫的詩句文章嗎？一切說辭的片面性和所有理論的局部性，道理皆在於此。

所以要瞭解人類的文化，要瞭解人類的理性活動和他們的感性活動，要瞭解人類，要瞭解人性，其中一個最可望成功的途徑就是研究人類怎樣創制和使用語言。這是語言的人類學研究。如果將之應用到一般的記號，它就是「人類記號學」(anthropological semiotics)。

不過人類學的記號研究可能只止於研究人類歷史社會中的語言現象（記號現象）。若我們想要通過人類的語言現象和語言活動，進一

步探究人類 —— 研究他們的理性（或理性行爲）以及研究他們的感性（或感性表現），特別是從人類使用記號的特色研究人性的特點，這樣的學科可以稱爲「記號人類學」(semiotical anthropology)。記號人類學將人類看作是記號的動物，將人類的許許多多行爲（比如自殺、性愛等）標定爲記號行爲。它將人性看作是在人類記號化活動中演化出來的❷。

2. 人類的記號化：記號之無所不在和無所不包

人是記號的動物。人性是人類記號化的結果。不過只是肯定人類發明記號（創制記號）和使用記號（操作記號）並不足以顯現記號在決定人類的理性和感性（決定人性）上的關鍵角色，也不足以說明爲什麼人類的記號促進了「文明」，不只是產生了具有獨特性的「文化」。

人是記號的動物，人是無所不用記號的動物，人是使用記號得無所不用其極的動物；人是「善」用記號的動物，人是善用記號來成就自己的動物（包括愈用記號變得愈乖，變得愈善良），人是善用記號來「虐待」自己（包括虐待自己）的動物，人是善用記號來改變自己的動物，人是善用記號來改變世界的動物；人是「萬用」記號的動物，人是在記號中做夢（一切品種的「夢」），發瘋（包括眞瘋、假瘋和裝瘋，以及裝瘋後的眞瘋），坦白，虛假，實事求是和顚倒是非的動物；人是「誤用」記號的動物（像誤闖禁區，誤將假意（義）當眞情，誤把假戲眞「做」和眞「戲」假做，誤將落花當有意，反稱流水是無情等等的「誤」），人是把不是記號當記號，反將記號不當記號使用的動物；人是將自己以外的人當記號使用，善用，萬用和誤用的動物，人是把自己當記號的動物❸。

　　一旦我們開始這樣描繪人類的記號活動，接著去深思細想（使用比較「高」層次的記號，將問題提升到比較「抽象」的網絡上），那麼我們才可望比較明確地領會到為什麼我們要說人是記號的動物 (semiotic animal)，也比較有把握地闡述人類與其他動物的記號現象的異同，甚至進一步探討一般「動物記號學」的研究在什麼層次上有助瞭解人性與文明，可是到了什麼階段之後，只有記號人類學的研究才能反過來透視（其他）動物的「文化」。比如，人類不但有記號，他們還有記號的記號，甚至記號的記號……的記號；人類可以在記號域（或記號層次）和非記號域（非記號層次）之間游走轉換；人類有記號困境（比如邏輯矛盾），動物似乎只有非記號的難局〔瘋子可以「精神醫療」或記號「康復」，瘋狗似乎不能 —— 比如由正常的狗施加感情感化牠，或訴諸理性（狗理性）教育牠〕；人類有個別的自殺，動物似乎少見；人類善做跨類比較（因此自知成了「萬物之靈」），動物似乎不甚計較此事。現在人類的性行為可能「百分之八十」的比重是記號行為，其他有些動物可能只有「百分之五」（有的當然百分之零）；人類常常在記號域與非記號域間徘徊來往，「能屈能伸」，甚至隨心所欲，自由運作，其他動物就固定死板得多（比如人類「結構語言」，人類也「解構」語言，而且把解構當結構，又將結構作解構）；人類絕大部份的創造（創作）屬於記號創造或起於記號創造；人類的所有靈感大約全是記號靈感；只有人類才有嚴重的「心物問題」、「我外心靈」(other minds) 問題以及「人身認同」(personal identify) 問題，因為這些問題主要是記號問題 —— 雖然動物也有個別存在，牠們也有主客對立，牠們常常（當使用記號的時候）也有心靈（或者有「心」而無「靈」）。

　　人（類）是記號化的動物。他（們）從事記號化，善於記號化，

把一切萬物記號化，也把自己記號化。人類記號化的結果產生無窮無盡的有形記號，也「製造」不計其數，難以歸類的無形記號；不但如此，記號化之後，因為有了記號，所以有非記號（沒有記號，無所謂非記號），可是記號與非記號可以在同「體」上存在，而且雙方消長自如，變化不定。記號成了抽象的事物，所謂有形的記號也只淪為「記號體」（它不是記號「心」，不是記號核心），它只是「裝載」記號的「容器」。其實抽象事物，有什麼東西不可用來裝載？這是記號俗成性的精義所在。

所以，一切的記號（比如所有的「字」）都是抽象元目，它可以不隨物理世界（物理世界也被記號化）的非記號屬性所左右，但卻可以在它的「自然」條件下傳播、定型、變型、轉化、衰退和被人遺忘消失。

人類記號化的結果令自己生活存在於層層交疊，有時彼此滲透感染的殊多世界之中。我們活在物理世界裏，我們活在精神世界中，我們活在這兩個世界之間的種種不穩定、不停改變面貌的種種「第三世界」羣之中。我們不只有意識世界，也有潛意識的世界，這些全部都是記號世界。我們個人有個人的記號世界，我們與相關親近的人分享和共創大家的記號世界。我們每個人做不同的夢，有時我們和其他人「同夢」（也有「同 x 異夢」—— 這時 x 也往往是一種記號，而不只是一件記號體）。不同文化的不同民族作著不同的夢；而今「世界文化」的濫觴和興盛，也令不同地域、不同種族、不同這個不同那個的人類有時做出相同的夢。他們漸漸共創或分享著超級的記號世界。

人類創造記號世界。人類活在自己創造的記號世界之中。人性在記號世界裏演化。人類的文明在記號世界中出現、突顯、明定（界定）、轉向、徘徊……。我們無法設想徹底毀滅人類的記號世界，只

要……；而且現在為時已晚——其實，也幸好如此❹。我們只能在記號世界裏改變記號世界。

人類為什麼記號化？人類怎樣創制記號並且對記號加以有效的操作？簡單地說，人類發明記號充當人類個體與集體的延伸——軀體的延伸和精神的延伸；而人類所以能夠如此有效地操作記號（以及受記號所操作）則是因為人類在不斷的演化過程中，成就了種種結構紛繁多樣，含蓋面伸縮自如，功能作用不停可以調整嬗變的記號體系的緣故。

比如，從「行」的方面看：原始人可能驚訝地發現他們（主要是口腔）發出的各種聲音，有的竟能引發注意，或博人憐惜，或使人驚懼……，這是一個人類進化史上的大發現（當然其他的動物多少也經歷類似的發現，人類甚至在多方面模仿其他動物）。人可以「以口代勞」，不必事事出於赤裸裸的肌肉筋骨的力量。這是人類記號活動的重大躍進（它到底是不是人類記號行為的起點，這問題留待「記號人類學」或「記號考古學」去研究；而「記號生理學」、「記號心理學」以及「記號生態學」在這個關鍵上，則可以分別研究原始人的口腔發聲造音的種種自然條件和環境關聯，因為在人類記號化的初期，記號形成的「自然」因素和「俗成」因素兩者的關係遠比現在密切。我們也可以說，原始人類創制記號的自由並沒有後世所料想的那麼海闊天空）。人類可以使用「口舌」（當然包括牙齒、喉嚨等）的活動結果，獲取其他筋骨肌肉的力量所產生的效應，這是一種轉化，一種代替，一種「兌換」，加上與這種活動相伴（甚至先起於這種活動）的心意，口舌之音不僅替代了筋骨之勞，而且直接「表示」原來筋骨活動的動因、預期與目的。當人與人之間逐漸發現，模仿，並且推廣這類的轉化兌換活動之後，口舌之音不僅可用以表示心意，它甚至進一步用來

傳達，明定，甚至顯現和加強心意。記號化的種種效應也就逐漸分化，逐漸加深和逐漸增強。口舌之音不只用以取代筋骨之勞，它進一步「明示」內在心意，將原來只存留於一己內在之心理狀態和心理活動，形諸他人可知可感的傳達媒介。人類發明創造了另一類型的「客觀事物」，這是用以明示內心現象的「記號」。這是人類文化的最大創舉，也是人類文明的殿後基石。

從聲音之效用的因果發現，到聲音明示心意的記號創制，這是一條崎嶇不平的道路。「俗成」記號的力量怎樣抵禦人類野性發作時的唯「力」是從和目空一切呢？好在記號使用一旦普遍，記號現象一旦分化和深化之後，只是強逞暴力和衝動野性已經不再具有人類記號化前期所具有的勢能和魅力。在一片記號現象中，人類中的強者與弱者之間產生重新的調整、分配與結合。這是人類邁向文明人性的關鍵。記號創制（文明）的人性，它開創了人類的理性和人類的感性。

從發現口舌之音的妙用到挖掘比手劃腳的取代功能，這也許只是人類記號拓展史上的一個小步伐；不過，人類逐步控制雙手去明示內在心意達到俗成的地步，那卻不是一蹴可幾的事。更值得大書特寫的是，人類慢慢摸索使用單手（通常是右手），採取不是訴諸較量力氣的方式，完成明示和表達心意的目的。單手示意的「發掘」和開展，不僅更加遠離「以暴易暴」的交流方式（單手遠較雙手難以攻擊和防禦），而且直接促進大腦的發達與分工，或者與之同步並進（此點留待記號生理學去研究）。尤有甚者，當人類的手除了用於工作和犯敵與禦敵之外，在心存表情示意的場合離開在物理上居於強勢的力氣較量，轉而發展從物理上看虛弱無力，但從心理觀之卻又弱中轉強，似弱反強的示意措施和傳意舉動，這不僅是人類記號分化和深化的躍進，而且更是（並且因而成為）人類拋離野性，走向（文明）理性的

關鍵。

　　口舌之音和手指之號，以及往後經由手指之勤和心意之勞所成就的各種記號網絡（尤其是圖繪和文字），加上人類適居環境的因素（海豚就沒有這麼幸運，而且牠們雖有頗爲靈活的「口舌」，但卻未能演化出同等奇巧的「手指」，以及適當的記憶能力），令人類的生活的每一層次都浸淫在記號汪洋之中。人類的周遭事物和事態，包括自己的行爲與人身，全都可以披上一層記號的外衣 ── 這些項目除了本身自然的物理性質之外，還「代表」着人類認知（知識）和評價（價值）上的意含；而且在許多情況下，這些認知或評價上的記號層次反而比自然的物理層次更受人矚目；在人類文化和文明中，更加重要。

　　上面說過，記號是人類軀體和精神的延伸。人類記號化的結果不只平面地創制了許許多多的記號網絡；記號現象一經形成而給人加以活用之後，則記號之上可以生發記號，網絡之外可以架搭網絡，層層擴展，四處膨脹。於是人類獨特的文化發展形成，人類的文明躍進起飛。本來記號是人類的創造發明，但是龐大立體的記號網絡一經生殖繁衍，人類的個體和羣體反而鑲嵌懸掛其間。人類通過記號化而形成的信念、知識、意識形態、藝術、宗教、人生觀、宇宙觀等等「陶冶」人類的品格，「指導」人類的行爲，觸發更進一步的記號活動的內容與方向。在人類的文化裏，記號變成無所不在；在人類文明中，記號變得無所不包。

3. 大語言與小語言：通俗的記號生活與精緻的記號系統 ❺

　　人類步出物理狀態和生理條件的規限，走向記號的領域，這是人類理性和感情的萌芽。簡單地說，記號的創制和使用慢慢馴服了人類

的野性，它一步步開創了文明的人性。這是人性演化的動因所在。記號的發展帶動了人性的進化。

　　經過漫長的發展，人類的記號表現得最明顯而突出的就是那些我們稱其爲「語言」的種種網絡和系統。

　　在此，我們要打破一般比較簡單的想法，以爲語言是一種我們認識得很清楚的東西。事實上，我們所熟悉的東西不一定就是我們認識得清楚的東西。語言就是一例。認眞說來，我們一般所謂語言，常常是個乏晰概念（模糊概念）而不是一個明晰概念。無疑的，語言是一種表意（和傳意）的記號系統，可是一個表意系統藉以表意的媒介到底是什麼？只是那些系統之內的「符號」嗎❻？

　　我們反省一下每天使用的「日常語言」（有時稱爲「自然語言」）。設想：如果在一般的交流談論中，我們不加上聲調，動以眼神，出諸手勢，輔以緩急和停頓；甚至比手劃腳，直指心目中之外界事物；甚至搖頭晃腦，顯示內心裏的情懷境界……，我們能否完整無缺，甚至活潑生動地表達我們的心意與情懷？可是這些不屬於（狹義的）語言元素的部份，卻經常是我們日常表意（和傳意）的重要成素，它們也是我們表意網絡中的一環（甚至是不可輕易被取代的一環），它們和語言中的符號合起來共同編造出一個功能複雜，運用靈活，可是在結構上卻往往並非清晰明確的記號「體系」。這種「日常語言」的活用體系是人類最早發展成功，也是世世代代流傳最廣，運用得最普遍的表意網絡。這樣的網絡的大小範圍極難界定，而且常常伸縮變化。可是這樣的體系卻具有極大的潛能，而且在塑造文化內涵和建立人性傳統上舉足輕重，地位顯著。我們要把這類的表意體系稱爲「大語言」。

　　這樣的大語言從一開始發展，就不只局限在單一的軌道上。它不只是天生聲響，不只是口喉歌吟，不只是體態手勢，不只是眼眉唇

頤，不只是圖繪線條，不只是筆劃文字。可是因為種種的因由（原因和理由），現在我們所謂的「書面語」（書寫文字體系）和「口語」（說話言語體系）成了一般的大語言的兩大主流❼。這兩個主流在絕大部份的文化社羣中，並非架構獨立，各自發展。一般我們所熟悉的情況是，兩者通過文字讀法（不只字音問題）的關聯，產生互蕩互動，交涉交流的關係。由於這樣的關係與結合，這類由口語和書面語結合而成的日常語言成了當今用途最廣，影響最深遠的大語言。

當然，這一意義下的大語言並不是我們所經歷過的唯一的一種大語言。但是那卻是現在我們最慣常使用，也是我們最最脫離不開的大語言。所以，在此處的討論裏，我們只集中在這一類的大語上立言。

只要我們定神細想，必定發現這樣的大語言無論在語彙上，在結構上，或者在應用法則上，都沒有一個完全清晰明確的規限界分。也就是說，這樣的大語言隨着時空、文化傳統、個人與社羣之種種因素，以及這些因素的交互作用，而產生極其複雜的平面與立體的消長以及「共時」和「歷時」的演進。比如，我們大家此時所把握的中文語彙數目、其造詞法則、定義內涵和應用規律都不會是完全一致。也就是說，我們大家心目中的現代（或當代）的中國語文，究竟包含哪些語彙，哪些構詞規則，哪些已有成例（不管合不合乎現在的規則），哪些應用法則，哪些語意界說等等，全都沒有（而且也沒有必要有）一些完整而又統一的定案。當我們有疑難而又心懷若谷的時候，我們也許訴諸現成的權威（包括有成就之作家和語言學者、語文教師、字典和辭典等等），可是這類的權威有時互不一致，甚至嚴重得彼此矛盾牴觸。而且這類權威一經追問，往往並非「最後的權威」，甚至不是「最佳的權威」。另外，有時我們在使用語言時（不論是主動使用或被動運用），雖有疑難，但卻心存僥倖，得過且過；或充滿希望，

盲目闖關。結果，我們看到的事實是，日常語言的發展絕非一律遵從傳統上我們認爲合理可欲的原理原則。我們大家（個人和羣體）都一方面在依循成規使用語言，可是另一方面卻也在有意無意之間開拓語言使用的疆界和習慣；久而久之，促成語言內部的嬗變和演化。大語言最是一些（約定）俗成的社會文化建構。它的內在規則的合理性不斷因爲運用上的策略和習慣而調整變化，而定型與重新定型。

不過，有一個問題值得我們深思：大語言雖然不斷在變遷，而且有它的歷史性、地域性與個人化，可是一般而言，它仍然表現出在語法上明顯可見的範型和在語意上成果輝煌的交流。這是爲什麼呢？我們不可以直截了當地歸根於人類與生俱來的語言天性。這種簡單的答案既不合乎本文立論的其中一個基本主張——人性演化論，同時也難以符合語言表現出來的經驗特點——尤其是它在各方面的乏晰性。作者在此採取的觀點（因此，對上述問題的答案）是：我們的語言和我們的生活方式（文化）同步拓展，互相滋生。人類生活的持續與文化傳統的延長，令我們代代傳流下來的語言變得親切易懂，交流無礙。反過來看，我們對於語言的把握和善用也令我們的生活方式和文化傳統，變得親和無間，承傳自然。當然，這是理想化的說法。在生活（文化）和語言兩者的互牽互纏，相生相長之間，我們的生活蛻變了（我們的文化轉型了），我們的語言演化了，因此我們也經歷了生活方式上的適應不良，體驗到文化傳統上的分歧斷裂，遭遇到語言使用上的疏離異化。不過，儘管如此，我們的生活方式依然堅強有力地在催化我們語言的嬗變和再生。我們怎麼「說」，常常因爲我們怎麼活。同樣地，我們的語言也仍舊鍥而不捨地繼續塑造我們的生活方式。我們怎麼活，常常因爲我們怎麼「說」❸。

大語言在悠久的歷史文化中衍生嬗變。它的橫面廣泛無邊，它的

縱身流長淵遠；兼以它的應用深度無孔不入，它的存留壽命又超越任
何個人、集體，甚至疆域；因此，儘管它追根究柢是人類之所創，但
是在實際的動能和勢力上，它早已拋開它的主人，自己具有很獨特、
很實在、很堅靭，而又很複雜的生命。大語言是人類文化的產物，可
是它一經形成，早已接手管轄我們文化的再創造，甚至搖身一變成
了締造我們生活方式的急先鋒，充當我們文明演進和人性演化的守護
神。

　　這樣的說法是一種有意的矯枉過正。不過這裏所要強調的是下列
的重點：大語言經常像脫韁之馬似的，不再處處聽命於人類；相反
地，它在人類社會裏處處取得一種獲得人類跟從習用的運行力量。大
語言不只是（約定）俗成的人類表意習慣，它進一步成了推導人類從
事生活，改變人類生命形式的力量。大語言成了人類的第二天性。它
出乎人性，同時（而且更重要的是）它反過來再造人性。

　　大語言通過許多複雜深入的機制伸張它的勢能，表現它的力量。
我們在此不能深入研究它的各種機制及其交互關係和相互作用❾。但
是我們可以粗略地抽繪比較明顯的例子，做爲瞭解的輔助和佐證的資
料。

　　在我們的大語言裏，深藏着一些使用成例。比如成語、諺語、名
言、警句等等❿。表面上看來，這類的東西好像只是一個語言的大江
流在時間的河床上，經過迂迴千轉洶湧澎湃之後，所沉澱淤積下來的
殘存事物。可是如果我們定神細想和深入探究，我們就發現這些成例
（加上其他的語文的建構）在深層裏或明或暗地左右著我們的思想、
言行和生活方式。大語言不僅僅支配著我們個人的生命形態，而且
更牽制著集體的文化展現形式。我們不只個別地依循著自己所信守的
「字句」而活，整個民族（或國家）也無可避免地在大量現象上依附

在受人推崇擁讚的「言語」上向前拓展。不僅在有意識之時如此，在潛意識裏亦復如是。比如，我們每一個人在自己的語言裏做夢（各種不同的夢），整個民族也經常在自己的文化裏做着類似而又有別於其他民族所做的夢。當然，這也是種過分簡化的說法。不過，我們所要顯示的內涵已隱約可見其中**⓫**。

從歷史演進的觀點看，語言（大語言）和文化（生活方式）互相發明，彼此造就。可是人類的進化，到了某種成熟期之後，語言通過「意義」的不斷分化和擴散，具體有形地或隱身無象地潛存於我們生活方式的各種成素之中**⓬**。當然，我們依然可以在我們的文化傳統中，有意地抽離顯示語言的層面，甚至在語言之內獨立或半獨立地自由發展（比如純粹的「舞文弄墨」，純粹的語言學、文法學的研究等等），好像語言只是眾多文化事物當中的一種一類，或一枝一葉而已。事實上這是因為語言本身經過人類的組織建構成了文化裏另外一個層次的東西，有時甚至變成獨立於我們的生活方式，自己具有生命實質的東西。於是我們不思不察或不知不覺地將語言與其他的生活方式分離割開，個別處理。我們忽略了語言本身也是一種生活方式，而且無可避免地潛藏滲透在人類每一種生活方式之中。這是我們思考問題時容易冒犯的謬誤——一種遺忘語言，甚至妄想脫離語言，而直指實體真相的謬誤。

有了這些基本認識之後，我們跟着很容易察覺上述的大語言，雖然本身是人類文化傳統的產物，可是因為它「無所不在」和「無所不包」，因此反過來變成人類文化傳統的指導要素。在同一個文化傳統之中，人們最要緊的是分享一個不是完全確定，但卻可以不斷發展創生的「共通」的大語言。這種共通的語言令人們各自的心意和認知可以交流傳達，比較對照，甚至模仿學習，保留傳遞；形成一個眾人之

間相對穩定，相對眞實和相對客觀的「共通世界」❸。人類可以在不同的時代，不同的地域，不同的文化傳統中，生活在各自不同或不盡相同的種種共通的世界之中；人類也可以跨越時代，突破地域限制，通過某種大語言（或其比擬翻譯），生活在共通的世界之中。我們可以與人同生同活在一個或多個共通的世界，我們也可以在這類文化傳統之上，另外開創新的文化，鑄造另外的世界，供人同住分享。這是人類文化演化分流和歸納合併的現象。而在這現象背後，不容忽視的，則是語言所扮演的舉足輕重，甚至是決定性的角色❹。

　　我們的種種大語言不斷在衍生嬗變。這種變化無時無刻不在發生，而且經常朝着許多方面同時進行：在發音上，在字形上，在字義上，在構詞法上，在句式句法上，在文體章法上，在傳達表現形式上等等，全都沒有止境地不斷在發展變化。不但如此，這類殊多繁雜的生滅演進之間，常常又互相牽連，彼此關涉；而且與文化變遷與社會演變，同步進行，並駕齊驅。可是在這語言的多方演變之中，有一類的演變現象特別值得我們在此加以強調。那就是在大語言的繁殖衍生過程中，種種「小語言」的出現、發展和變革。

　　從功用上說，語言是人類的精神和軀體向外開展，發揮其效能的「萬用工具」（雖然並非萬能工具，也非萬靈工具）。人類在其所處的環境，由幾乎只能靠肢體之勞而辛苦費事地獲取所欲，直到一步步假借各種建制、建構與其他器物（如工具）之發明與創造，而逐漸能夠隨心所欲，甚至「呼風喚雨」，「巧奪天工」，從而改進人類的環境，不斷重新創造人類的物質「生態」和精神生態。基本上，這是人類文化和文明演進的特色。語言這種社會建制在這樣的人類演進過程中，慢慢成了人類的第二天性，推展着人類社會文化的演變，也促成人性積極的演變。

　　人類對某一「問題領域」的關心專注、研究發展和認眞從事之後，往往產生該一領域的獨特語言。我們要將這類語言稱爲「小語言」。這樣的語言的語彙和文法規則可以首先取自上述的大語言（廣義之日常語言），然後逐步加以精化、淨化、增刪和系統化。比如法律的語言常常就是如此；另一方面，這類的語言也可以自己創制出與一般大語言差別極大的語彙和文法規則。比如音樂（五線譜）的語言就是一例。然而，不管如何，這類特殊的專門語言，不論在建構過程或者日後的使用和推廣，全都不易完全脫離某種大語言，成爲與之絕緣，完全獨立，自己成長的體系。基本上說，小語言通常都以某種大語言爲其「後設語言」（metalanguage）。在創制和引介的時候，情況極爲明顯。我們經常使用已有的日常語言來描述某一特殊語言的「單字」（語彙）意義和用法，以及怎樣由這些單字爲基礎進一步構詞造句的規則（文法）。純數學、形式邏輯、音樂寫譜等「語言」如此，就是科學理論、社會人文學說的體系亦復如是❺。另一方面，小語言的應用（不只是使用）、發展、推廣和闡釋，通常也都在原來已經存在的大語言中進行；而不是爲了此類目的，特地另外建造一個後設語言爲之。因爲這樣的依傍關係，在各個文化裏，由該一文化中的大語言（不只是定只有一個）所發展衍生出來的種種小語言，經常兼備該文化（及該等大語言）的一些特質。這些特質之中，有些是很顯性的，一望卽知；有些則是頗爲隱性的，常常在日後小語言的應用、拓展和闡釋中——尤其以之與其他文化發展出來的小語言對照比較之下——才開朗顯現出來。比如，掩藏在中國古籍裏的算學（小）語言和在西方文化裏開拓出來的數學語言；宋明理學家建立的心性語言和西方傳統裏的心靈語言；墨子等人所揭示的名家語言和亞里士多德所始創的邏輯語言；亞里士多德所開創的物理語言和伽俐略與牛頓所發展的科學

語言；中國山水畫的語言和西洋風景油畫的語言；京劇的語言和芭蕾舞的語言；電影的語言和攝影（靜照）的語言；理的語言和情的語言；愛的語言和性的語言等等⓰。有的一看便知道它的文化背景，可是有的必須在發展的過程裏，與其他文化中發展出來的類似語言比較對照，才顯現出它的文化特徵。

從語用的觀點看，並不是只有大語言才可以充當小語言的後設語言。事實上，小語言也可以充當另外的小語言的後設語言；甚至，小語言也可以當作大語言的後設語言。可是大語言和小語言在功能含蓋面上，具有很大的差異；有時甚至在指涉對象上（包括名謂對象和描述對象等）也有甚多的不同，因此，一樣地充當後設語言，大語言充當小語言的後設語言，跟小語言充當大語言的後設語言（以及小語言充當另外小語言的後設語言），其間的「自然」功能常常極為懸殊，實際效果也常常大異其趣。這是我們所要注目的要點之一。

讓我們這樣開始觀察：大語言因為充當日常生活的殊多用途，因此在各方面都容易顯得鬆散乏晰。可是只就充當一般的表達交流的工具來說，鬆散乏晰並非全是壞事。正相反地，它往往有種正面的價值和意義。一方面它可以繼續不斷容許無需系統化，不必講究「表面」條件的加減增刪，只計較方便實用和拓展無礙。因此它的生命力比較強健，衍發力比較多面，並且續存力比較長久。這就是為什麼各個文化中的大語言經常能夠淵遠流長，自強不息的緣故⓱。另一方面，大語言在日常的使用中，儘管通達順暢，無往不利（而且是否真正地通達順暢，無往不利，一部份的爭論已在語言的鬆散乏晰性裏解決或解消），可是卻無法滿足某一部份的人，為了特定的興趣和目的，對語言所要求的比較高度的精密性、準確性、藝術性和趣味性等等。這時，這些懷有相似的興趣和目的的人，就可以入乎原來的大語言之

內，而出乎於該語言之外，自己「做自己的事」，自己「說自己的話」。假如這類的活動吸引足夠的追隨者和繼承人，那麼很有可能在原來的（大）文化中開創出新的小文化（經常是子文化），在原來的（大）語言之外建構了新的小語言（常常不是「子語言」）❶。

　　相對於一個或一族大語言來說，當種種小語言形成而發展到某一程度之後，大語言和小語言之間，彼此可以一方面保持互相指涉的對象語言和後設語言的關係，另一方面卻可以分別相對穩定地各自發展，有時甚至是互無關係地獨立開拓。然而，大語言和小語言之間，在各自發展上，經常顯現出很不相同的取向和速度。大語言的發展緩慢而多面，其變遷即使有跡可尋但卻不一定「合理」而系統化，所以許許多多大語言可以在發展演進的過程中，兼收包容，粗細並蓄，因此在不斷衍發蛻變中保持活力青壯，歷久不衰。可是小語言的發生和發展就很不同。首先，由於它起於特定的目的和興趣，因此只要興趣改變或者目的無法達到，該小語言就可能隨時遭人遺棄。而且，小語言比較朝向特定甚至固定的方向發展，內部要求比較明顯和一致，所以發展起來也比較全力而迅速。可是全力迅速發展的東西常常來得急，去得也快。當然，在人類的文化裏，並不是所有的小語言都是來去匆匆，曇花一現。事實上，有許多小語言（比如數學語言、音樂語言等）歷久長流，並且不斷開展滋生，拓展出種種「更小」的小語言❶。

　　一般的規律是，大語言朝着通俗、廣包和便利發展，而小語言則面對精緻、特定和「有理化」取向。在人類文明的發展過程中，每一個人或多或少都同時活在大語言和小語言之中（以及它們之間），同時過着通俗的記號生活和精緻的記號「生活」，同時參與使用，參與推廣，參與精進，甚或參與敗壞大語言「系統」和小語言系統。不

過，大語言所展示開展的「生活性」，遠勝於其「系統性」；而小語言則正好相反，它的系統性遠勝於生活性。所以，通過同樣的羣族，在不同的程度上的工作參與以及生活活用，大語言和小語言之間產生種種明確的交互作用（互動）。最值得我們注意的是，大語言（選擇性地）將小語言俗化收納，而小語言則（懷好意或不懷好意地）試圖對大語言加以（至少是局部的）釐清、「消毒」、系統化和精緻化❷。

每一個羣族都有其大語言，都有與此大語言相關相應的文化，都活在此一文化傳統中，過着通俗的記號生活（包括人生意義、生命價值等等的認定）。可是，人類的文化，特別是人類的通俗記號生活方式（文化是一種生活方式），並不自動自發自足地形成塑造（今日我們所知所見的）人類文明。人類文明是人類精緻的記號生活的產物——不管是所謂精神文明或物質文明全都如此，雖然兩者分別在跟人類記號的關係之直接或迂廻程度上，有所不同；因此，人類文明是人類種種小語言所創制出來的。

從這個觀點看，一個小語言不豐富、不發達的文化，一個並沒有衆多的人過着種種精緻的記號生活的文化，不會是具有高度文明的文化。

我們常說，語言是種「約定俗成」的社會建構。從大語言和小語言分別在文化演進和文明拓展過程中，所扮演的互動角色來看，大語言總是傾向「俗成」，不是基於「約定」；可是小語言就比較有可能起於「約定」，冀圖走向「俗成」。

談論大語言和小語言之爭時，還有一點不宜加以忽略。大語言固然可以因為人為但不是語言本身的因素而衰微，甚至死亡；比如操說使用該語言的羣族被人消滅或自然消失。不過，更重要的卻是語言本身的條件限制。大語言必須能夠滿足一般生活的通俗記號要求，否則

就需要加以改革創新，以免式微沒落。如果只是人爲地加強保護，故步自封，最多令它淪爲只能滿足某些特定功能的「小語言」。所以語言改革（包括文字改革）是文化工程上的大事，需要謹愼爲之，小心處理。歷史上有一些結構優美的大語言終被捨棄，或是淪爲特殊的小語言，主要就是忽略它所應該爲人提供的通俗記號生活的緣故。

4. 語言與人性: 成就理性的語言和塑造感情的語言

人性是一個整體，不應勉強刀切爲二: 理性和感情（感性）。這兩者不但只是人性中的兩個層面（不一定是唯一的兩個層面），而且兩者是相互交纏，彼此印證支援的層面。尤其在我們無法肯定人類理性不會再繼續演化之前；在我們對於「循環論證」依舊心虛無助，對於「無窮後退」仍感茫然徬徨之際；在我們尙不知如何對人類感情的「邏輯」加以定性定案之前; 在我們對「何故有情」不知就裏，對「何緣造色」無以爲對之時❹，一切對理性與感情之劃分，都應該只當作討論分析的方法上的權宜之計。在此，我們自當不屬例外。

人類自從擁有語言，開始過着記號生活之後❷，許許多多種在類別上或者在程度上有異於其他動物的活動，接二連三地，互相誘發而交互共振加強地，一一呈現出來，並且不斷開發拓展，蔚爲奇觀，成就了無數閃現在人類歷史上的文明成就（不只是文化累積而已）。在人類文明的成就中，最基本，最影響深遠，最令人類世世代代難以輕易擺脫的， 自然是人性的成就 —— 人類理性的成就和人類感情的成就。那是「人性文明化」上的成就，是「理性文明化」和「感情文明化」上的成就；是人類逐步但卻不斷邁向文明人性，邁向文明理性和文明感情的道路上的成就❷。

人性怎樣演化？人類的理性和感情靠什麼東西助產催生？

人類因為使用語言，拓展開創出意義領域和價值領域㉔；在物理的空間之外，開闢了記號空間。在記號空間裏，不但可見可觸之物理事物可以有其記號，事物之性質與變化可以有其記號，事物與事物的關係也可以有其記號。事實上一切事物都可以充當記號體，變成記號。於是記號也可以有記號，記號之轉化變型可以有記號，記號與記號之間的關係也可以成記號。一物的記號化演變成萬物的記號化。於是人類由具體（具相，具象）的領域，通往抽象的世界。記號與記號化是人類走上抽象事物的第一步㉕，也是人類文化邁向文明的起點，是人性演化過程中翻新再造的開始，因此是件值得大書特寫的事。

人類的記號化活動創制了記號（後來包括發明了文字等符號），開闢了意義領域，拓展了記號空間。這樣的記號活動使人類跨入有深度抽象可能，足以把握普遍性（一般化）特色的採信活動和認知活動。這類活動的經年累月，世代相傳，加上傳流廣播，普遍氾濫，演化了人類的心智與性情。這類記號活動結果的日積月累，翻舊更新，成就了人類文化中的文明理性和文明感情；成就了文明的人性。

記號化的活動怎樣成就（文明）人性呢？

只是發出聲音並非就是從事記號活動，因為聲音不自動成為記號，只是發聲造音並沒有將該一聲音記號化。同樣地，只是比手劃腳，只是面露「顏色」，只是動作干與，只是製繪圖形，只是結構線條，只是靜觀事情，只是陳示實物，只是靜觀默想（即使觀察入微，冥想出神）等等，也都不自動地構成記號，不自動成就記號化，演變出記號活動。

記號之為記號在於記號體與記號指涉（記號體所指謂者）和記號意含（記號體被賦予的意義）之間的記號關係。記號關係的特點在於

它起於隨意（隨心任意），但卻不能一味隨意（爲所欲爲）；它既非邏輯上的必然，也不是物理上的不可冒犯，但卻需要（記號使用者）盡心維護，努力遵守，令其固定，使之恆常（以利使用，以便逞志順意）。這種危機中的安定和動盪下的平衡，正是記號關係的特質。記號化於是成了人類走向人性的第一步。

簡單地說，人當初使用什麼記號（記號體）來指稱那一個或那一類的東西，這是完全任意的事，而且事後這種指謂關係也可加以修正、改變或放棄；同樣地，人當初拿什麼記號來表示什麼意義或意含（「概念」或「心意」），也是隨意而可以改變放棄的。可是某一記號的指涉（指謂、指稱）和該一記號的意含（意義、內涵）之間具有不是人類可以任意挪動竄改，強行歪曲篡奪的密切關係❷。人必須（自己逼自己學習）在經驗的發掘中，以及在文化傳統的內涵裏，參照記號的指涉而修正記號的意含❷。無論如何，記號一經創制，除非我們不求使用（那就失去記號功能），否則我們就不得不自我克制，自願遵守；不可強行霸道，不能「朝三暮四」。所以，趙高雖然可以指鹿爲馬，可是李斯卻逃不過作法自斃❷。我們可以想像，人類的進化——尤其是人性的演化歷經一段長期的懷孕的辛苦和生產的劇痛。我們有理由相信，人類需要一段長時間的「試誤」和「苦難」去馴服自己的獸情和野性。我們很有把握猜測，最早的記號是霸道的記號，最早的語言是強者的語言。可是，對記號蠻橫逞強，最終失了記號，壞了事功；相反地，對記號克己遵從，結果反而用了記號，遂了心願。人類開始普遍使用記號之後，一定很快發現這類的事實，很快在痛苦中得到寶貴的教訓。即使在人類的其他方面依然野蠻霸道，強橫無理，冷酷無情的時代，他們已經發現要獵取人頭容易，要打死記號艱難；要迫害同類易如反掌，不費周章，要殺害語言得不償失，後果堪

虞。於是強者反弱，弱者變強。這是文明的重要標誌，也是（文明）人性的初露曙光。人類的理性和感情同時在這個自願的起點上發芽滋長，衍生開展出來。

「自願」是很重要的事。人類之朝自己所創制的記號低頭，大大有別於向自然律臣服。人力無法改變自然（自然律），因此人類被逼接受「客觀」事實。可是人類卻可以在自然的「支配」下，依然故我，繼續無理野性，一樣冷感獸情。不過，人類對待記號就大大不同。記號是人類自己的創制，他可加以背棄，但他加以維護；他可加以冒犯，但他加以尊重；他可加以忽略，但他加以重視；他可加以扭曲，但他加以扶正；他可不必從眾，但他自願隨俗。人類在「實然」領域之外，突然開闢了「願然」的空間。這是人類克己復「理」的肇始，也是他含忍生「情」的開端。由無理野性到有理性，由冷感獸情到有感情，這是人性演化的端倪。

所以，人類的記號領域的開發和人類願然空間的拓展，兩者攜手並進，互相加強。語言（記號體系）從這個觀點看，與其說是「約定俗成」的產物，不如稱它是「遂願俗成」的結晶。

這樣看來，人類的理性的初發，和人類感情的啓作，兩者同根並蒂，互依而長。所以早期人類的日常語言就是他們生情成理的語言，是孕育人類「情理」的共同溫床❷。人類的大語言本身就是「成理」的語言，它同時也是「塑情」的語言。人性從人類的語言開始，它是人類說話說出來的（廣義的「說」和廣義的「話」）。

「說話說出來」一事，在人性的演化過程中，是件卓然大事，不可貶低處理，不可等閒視之。人類「說話」的結果，產生了「話如此說」的成果（當然也有「話雖如此說」的逆動），話如此說的接納演變到「情理如此安排」的功效。情理如何安排的事，正是人性演成如

此這般的事。我們都知道除了經驗判斷之外，還有先驗判斷，除了事實 (factual) 眞理 (後驗眞理)，更有概念眞理 (語文眞理和邏輯眞理)；而且，經驗建立在先驗的基礎上，經驗眞理首重語文眞理，事實問題無法違背概念結構、語理分析和邏輯眞理。我們所沒有注意，或者忘記加以強調的是，不僅在「理」的判斷和理性的眞理上如此，在「情」的演作和感情的底蘊上也是如此。追溯到人性的根底，揭開記號空間的隱秘和意義領域的內情之後，情通於理，理達致情。情的理和理的情；情是理，理是情；情與理，理和情；人性中的情和理；人的情理記號體系中的意義內涵❸。

可是，幾乎從人類開始使用語言逞志邀願，表情說理以來，形形色色的小語言立即隨着人類種種不同的目的與興趣，應運而生，此起彼落；其中許多小語言更在各自不同的文化中，發生連綿不斷的影響，甚至在世界的文明史上留下不可抹滅的痕跡。不僅如此，小語言的產生發展和澎湃推廣的結果，不但在某一文化裏開創了新的小文化，而且回饋反撲到大語言中，影響大語言，修訂大語言，增強大語言，有時甚至瓦解大語言。

現在我們所要關心的是兩類小語言的開拓和發展，以及兩者對大語言的影響。

上面說過，人類開拓語言之初，成理與塑情同在一般的大語言中進行。可是，等到人類對語言的使用捉摸自如，靈活無礙，對駕馭語言孕育出來的經驗把握確實，洞察深入之後，同中見異，歸納區別，於是針對不同之對象、目的、興趣和重點等等，逐步產生不同 (或不盡相同) 的記號行爲 (比如述說、爭議、祈求、嘆喟、感嘆、呼號、命令、協定，種種等等)，並且在不同的記號行爲的發揚開展，深入體驗和靈活運作之下，拓展了不同的記號體系和意義空間。這些記號

體系和意義空間本來在大語言中，同出一源，交雜不分；後來區別分化，各自發展之後，也常常互通並比，交錯重疊。比如，早期用在獵獸的語言（記號體系和意義空間）和用在獵人的語言可能沒有分化，都是打獵的語言。等到逐步分化之後，獵獸的語言和獵人的語言各自有它自己的意義發展和記號開拓。這樣的語言變遷 —— 小語言的冒現，改變了意義空間裏各別記號的「意義值」，也動搖了一個記號與另外其他記號之間的關係（記號的意義值是在意義空間裏，相互對比之下「界定」浮現出來的）。接着，在人類生態的限制之下，也相應地產生了探信和認知上的調整適應和重新定位，以及行為態度上的修訂改變和另外取向。比如，「打獸的獵」變成「獵（獸）肉」；可是「打人的獵」變成「格（人）頭」（或「革（人）頭」）。獵肉的語言和格頭的語言可以獨立發展，各自適應小語言內部的記號行為需要，可是兩者也可以交互比擬，襯托對照，彼此影響，共同創生；甚至，進一步和其他的小語言並行呼應或交叉合流。比如獵獸和獵人（後來）雖然各自滿足提供食物和激勵敵愾的要求，但是同時也可以應付祭神拜祖的奉獻需要。於是「獵肉」的小語言（記號體系與意義空間）和「格頭」的小語言，除了自己發展之外，還可以在祭拜的記號行為上，彼此交會滙流和比擬滲透，並且和「祭拜」（「祭祀」）的小語言交互作用，在另外一個層次上引出記號體系和意義空間的更多振動、互動、移動和其他整合和分離的各式各樣的運動。當然，在絕大多數的情況下，小語言的開發成果會以種種不同的方式，滲透到大語言之中，引起大語言的各種反應和變化。

　　我們需要努力開發記號人類學（包括記號民俗學）、記號史學、記號心理學、記號病理學（包括研究精神病患者使用的小語言）、記號社會學，甚至記號經濟學和記號政治學（也許包括「兩性記號學」

—— 爲什麼不是「三性記號學」或「多性記號學」？）㉛ 以及記號生態學。這些領域的研究成果將可以比較細密和比較確實地反映出，人類怎樣由「發現」記號，發明記號和使用記號，而把自己的人性投入文明轉化的過程之中。記號體系和意義空間不斷開發和不停演進，這是人類所特有，而且又是人類所獨有的事㉜。語言成了人類的第二天性，語言「就是」人類的文明人性。所以，我們說：人是記號的動物。人是很特殊的記號的動物。

在此，我們只能做出一些簡要的推測描述，提出一點有待上述各種學科努力去檢查印證的「假設主張」。

如果我們需要在人性中分辨理性和感情，並且要對兩者分別加以考察探究，其中一個最可望得到豐富答案和深刻啓示的做法，就是分別考察人類用來成就理性的語言和用來塑造感情的語言，也就是前述的「成理的語言」和「塑情的語言」。

人性發作啓動之初，人類的大語言就是成理的語言，它也是塑情的語言。那時，大語言是人類的「情理的語言」㉝。那時人類的成理上的記號行爲和塑情上的記號行爲，全都在大語言中進行。兩種（兩方面，兩層次）的記號行爲不但在大語言的記號體系裏合用共享同樣或互通的「語彙」㉞，而且在該語言之使用所拓展出來的意義空間裏，也具有共同或共通的意義值。可是，上面已經說過，語言一經開創，人類的萬樣百般的需求和興趣，皆可以通過語言的使用，構成一種種一類類的記號，各自衍生出一層層一樣樣的意義內涵。這樣千使萬用的語言，很快地具有極大的衍生動力和極強的分化勢能。一個個小語言，重重疊疊地，伸伸縮縮地，起起落落地，在大語言之上發生開展，甚至比美爭妍。我們要在此特別強調的是各種成理的小語言和各樣塑情的小語言。

　　從成就理性的觀點看，人類除了在語言的使用中，學習尊重「外存」的規範（俗成規則），養成注意不是由主觀所能隨意左右的標準而外，外在世界的「客觀性」也緊接着加強了人類尊重外物的性格。久而久之，知識的語言（包括對人類自己的知識，馭人敎人與治人的知識的語言），經驗（有經驗、老經驗）的語言成了輔導人類朝向理性演化的雄大力量❸。這類語言的發達，配合社會文化中其他建制上的成就──尤其各類權威與勢力的建立，種種成理的小語言不但濫觴洶湧，平地而起，而且擺脫大語言的籠罩和束縛，自我發展，蔚成奇觀。這些小語言常常在個人或社會的決策過程中，取代了大語言，做為合理行爲以及行爲合理化的造形媒介和推行工具；成了人類理性化的驅動力和取向定位的理念南針；變做人類理性的化身（語言是人類的第二天性）。於是這類的小語言變成人類社會或羣體中的個人的成理的語言。其中有些小語言推行良好，廣播有效，受人接納擁護，因而甚至回過來滲透於大語言之中，改造大語言，重建大語言，「提升」大語言，令大語言中的成理語言更加合時，更加和人類的知識進展同步，更加與社會的一般要求（比如「平民化」訴求）並駕，更加和提升人類生命素質的願望齊驅。

　　這樣看來，人類的理性並不是一種單純一元的實體或屬性。它不僅在起點上無需同出一源，在發展上也不必強求定於一尊。以往如此，現在如此，將來也無需求其並非如此。事實上，這才是人類理性健康發展的希望。

　　當然人類理性的多元建基於人類成理語言的多元❸，而各成理語言對大語言所施加的壓力和影響又各自有別和因時（因地）而異。各種成理的小語言，像是一個個大大小小的暴風中心似的，對人性中的理性加以沖擊和洗禮，其中有的在大語言裏興起滔天大浪，有的只是

不斷發出潺潺細響（當然有的小語言淵遠流長，有的來去無踪）。在人類的歷史上，神話的語言、宗教的語言、道德的語言、政治的語言、哲學的語言、科學的語言、科技的語言……都曾經單獨地或併合重疊地，甚至你爭我奪地，扮演過成理語言的角色，引導人類理性的發展❸。

今日，科學的語言、科技的語言和工商的語言，以及民主政治的語言和資本主義的語言，正在人類理性的不斷造相變形中，擔當成理小語言的角色。它們並且大力滲透到各文化的大語言中，令大語言產生空前未有的變化。由於這類小語言的當今版本愈來愈跨越國界，跨越各種文化傳統的界限，因此它們所激揚出來的理性轉型也更加一般化和世界化。我們已經或隱或顯地看得出，現在人類除了各地域、各民族的個別文化之承傳衍伸之外，一種普及於人類的「世界文化」也正在拓展開發，澎湃洶湧。這種世界文化的當前基礎在於「世界理性」──一種跨國理性，一種跨地域理性和一種跨原來各傳統文化之理性。不過，這種世界理性並非由單一的成理語言（小語言）所孕育蘊發出來的，因此這種世界理性本身也包藏含蘊着各種性質不同，取向各異，目的有別的小理性。正像大語言本身不一定得（而且經常並非）在內部本身兼融一貫，對外功能整齊劃一。同樣地，世界理性（大理性）也不一定需要（而且大約永遠不會是）融貫了內部的所有各個小理性，並且統一了所有的小理性，使其功能整齊，作用劃一❸。小理性源自種種小語言，可是各個小語言卻不斷地在開拓演化，生滅更替。有的看似健壯長青，但卻漸受挑戰，呈現困局，衍出敗跡〔比如，今日的科技（小）語言和工商（小）語言，正在面臨我們可稱之為「綠色（政治）語言」的批判和攻擊〕；另外，有的表面看來已陳舊過時，腐敗難堪，可是也許經過一番潛藏孕育，翻新鍛鍊之

後，接着又舊瓶新酒或改頭換面，大地風起，捲土重來。〔比如，每一個時代都有不同的宗教語言，經人翻新，經人「現代化」後，重新敲叩人類理性的大門（或小窗）❸❾〕。

比起人類的理性，人類的感情的演化看來就更加內容複雜和路途崎嶇。雖然，我們上面說過，在人類的文明開化史上，理性的成長和感情的塑造並蒂同根，合流一源；記號馴服人類的野性，成就了人類的理性；記號也平服人類的獸情，塑造了人類的感情；記號開拓了人類的情理，記號造就了人類的人性，記號啓開人類的文明❹❶。可是（極重要的「可是」），當人類的文明人性之曙光輕露，理性初發，感情始作之際，兩者立卽面臨各自異同的生態環境。人類的理性面對着主觀無法改變的外物（主要是外在的物理世界），可是人類的感情卻面臨一個自己可以寵慣的自我。這個自我容易滿足於天生的慣性，易於發作先天本來的獸情。他不容易「超越自己」，擺脫根深柢固的動物野性。所以，人類怎樣千辛萬苦，崎嶇迂迴地走出野蠻的獸情，跨入文明的人情，這是人類演化史上的大謎語。我們沒有事實根據，我們只能提出假設主張。

人類感情（文明人情）的拓展由人類自己的身體開始，不是由外在世界出發。簡單地說，人類的感情起始於自己的感覺，特別是自己的痛覺。

人類的身體肌膚和四肢五官之痛，是人類尚未進行記號活動之前，就已經普遍存在的感覺經驗。從生物功能主義的目的觀看來，那是自然界對有機體的器官功能故障損壞的預先警告。人類一定很早就「發現」了這類的「自然記號」，並且進一步加以記號化（比如發出經歷痛覺時的代表聲音，以及做出表示痛覺的表情與動作）。記號一經發明，各種記號活動很快應運而生，接踵到來。比如，人不只可以

表示自己和他人的痛覺，也可以企圖「假造」自己的痛覺（爲了某一目的），更可以設法撫慰自己或他人的痛覺。在痛覺給人加以記號化的同時，其他原始的感覺也陸續地給人加以記號化，據以定位痛覺，將它和其他感覺對比交錯，相提並論。

記號體系的建立令意義空間有根有據地向各種方向拓展。從感覺之「痛」而生超越感覺之外的（精神之）「苦」，就是記號衍生和意義拓展的好例子(原始人容有軀體之痛，但卻並無精神之苦)。

痛、苦和痛苦是人類感覺的最基本的眞實，也是感覺記號體系不可或缺的初基語彙❹，同時更是人類開發意義空間 —— 包括價值意識，在構成上的重要軸心，以及在衍伸上的重要憑藉。人類的情緒、情懷、情思、情愫、情意、情調、情操、情慾、情愛、甚至情趣和情結，建立在人類生、老、病、死的「無奈」（無法隨心所欲的辛苦)經驗之上，並且在如何驅痛避苦和迎痛受苦之間，千山萬水，轉折徘徊。當人類在他的意義空間裏細心經營出「痛苦」的意義值和它與其他感覺之間的意義關聯之後，其他與喜、怒、哀、樂、愛、憎、怨、恨……等等相關的感覺之意義值也對應地頓停落定。人類感覺語言中的意義網絡的編織構造，一方面是人類感情（文明人情）的生成條件；另一方面，它的精疏粗細決定了建立在它基礎上的人類感情的面相和品質。不同的文化傳統中的語言具有不同的感覺語彙，它們（加上其他語彙）界定出該文化裏的感情語彙，因此標示浮現了該文化傳統下的人的感情內涵、面貌和感情素質。

所以，從「記號發生學」的觀點看，有些感覺是先有的，有的是派生的（記號化的自然程序如此）。我們也可以說，有些感覺是人類起先發現的(比如痛感)，有些則是人類後來「發明」的（可能幽怨的感覺就是）。當然，人類是不是首先發現痛苦的感覺，這並不是一件

邏輯上必然的結論。爲什麼人類是在求生中受創而生痛苦，不是在沉溺裏自慰而得快感，這雖多少是由人類遠古的生態環境所決定，但歸根究底畢竟是一件歷史的偶然。不過，人性的發展，正好像一切文化傳統的開拓一樣，一棋下定，往往全盤變色。歷史的偶然儘管不屬邏輯，罔論必然，可是它卻往往是事物、事件、事情和事態發展的起點定向，不宜輕鬆放過，不應等閒視之。也從這類記號人性論的觀點看，人類或人性的「創造說」（如「上帝造人」，「神以祂的形象造人」）與「演化論」（不一定要是達爾文的進化論）之間，不一定互相排斥，彼此矛盾。比如神創說和生態決定論兩者，就可以並行不悖，比肩發展。

　　論說人類感情似乎無法不顧人間之愛（愛心與愛情）。探討人間之愛，又經常涉及男女，涉及情欲，涉及性事。這樣的脈絡關聯不僅從感情的生理和心理基礎上看，事出有因；它從感情的記號人類學的觀點看，更加查「有」實據。

　　人類從某一感覺的發現，將之記號化，接着發明其他感覺，並且因爲記號化的結果，開拓了意義空間，將各種感覺加以抽象，賦與意義，並且交錯界定，開拓發展。這類記號體系的生成和意義空間的開闢，當然不只是概念上的附會引申，無中生有。更重要的是，它隨人類的生活經驗和生命體驗，不斷地滋生湧現，修正定位。可是人類怎樣由「感覺」的記號體系發展到「感情」的意義空間？人有痛苦之感（覺），不必然生發慈悲憐憫之（感）情。歷史的偶然或生態的條件怎樣爲人類的感情演化佈下一顆決定性的棋子呢？

　　痛苦是與生俱來的感覺，從「自憐」（或類似的一切其他感情）到「自愛」（愛自己）則是人類經營感覺語言很容易跨越抵達的自利結果。可是人類的感情不只停留在自我的反射，而且也能夠（或者更

需能夠）推己及人。人類的同情怎樣產生？人類如何開始愛人？

也許最強有力，而且也最易自圓的見解是，同情基於自己對自己用情，愛人本來出於愛己。「我外心靈」(other minds) 問題的基本死結在於「他」、「我」對立。可是人類通過記號行為（其他動物就不見有此表現），將自己延伸到他人，或者將他人歸併到自己的同類之中。因此移情同感，因此同情瞭解。

在生理上，自己的骨肉容易視做自己（至少是自己的一部份），因此移情同感只是自己對自己用情的自然延伸。從這個觀點看，同是人類，女性的愛情就比男性直接而「感性」（依憑感覺經驗），直覺而形象化。男人（尤其是在遠古時代，母性中心社會之時），對於自己骨肉的概念模糊而不太真實，需要靠良好的記憶和間接的指認標準（比如長成後體態容貌近似），才能決定是否自己的兒女。女人只需生產時的陣痛——這是人類情感起於痛覺的重要原因，男人卻需要在記號系統裏認識出正確的意義定位，去面對另一個生命，當他為骨肉，視他為己出。因此，在起點上，男人的愛情比起女人間接而「理性」（依憑記號意含），邏輯推理而概念化。我們做這樣的男女比照，所說的不是哪一個男人，或哪一個女人。我們說的是，人類的愛情塑造生成之初，女性的塑情語言（因此它的意義空間）和男性的相比，具有不同的生成基礎。生成基礎一棋落定，記號體系和意義空間可能各向自己的方向拓展，演化成各自有別的感情特色。剛好在這點上，人類不是單性生殖的動物，人類也不是體外成胎的動物，於是對人類而言，性的事、情的事和愛的事，也就構成緊密相關的連環。人類的愛情之所以總是牽連情欲，其生成的原因在此❷。

但是，只是生理上的骨肉血緣關係，並不足以成就人類的愛情。我們都知道，許多雌性動物在育幼期間都表現出為其後代「忍受犧

性」的行為。我們也許可以稱之為「自然母性」的表現。這是生理上的事。我們也知道，這類自然母性往往不能維持長久，因為牠們沒有將之提升到記號的層次，沒法將它放在牠們的意義空間裏去發展醞釀。牠們根本沒有記號領域，牠們根本沒有意義世界❸。

人類的文明人性起於記號化。人類的感情亦然。就人類母性之愛而言，它的滋生起於對於自己歷經陣痛而分離的骨肉的認同，這是一種簡單明白，直覺而又形象化的記號指認和意義賦與。從母體分離外出的子體，不必經過觀察比較和邏輯推理，直接成為母體的記號體系裏的記號，背負起明確而特定，並且感性而又親切的意義。從「我」到「我的子女」到「我的心肝寶貝」。這是一個不待多證，一氣呵成的記號轉移和意義衍伸。這是人類在人性演變中，播下同情，栽種愛心的原初基礎。它起於記號化 —— 起於記號的抽象和意義的普遍。而不是建立在生理上的「人同此心」，和心理上的「心同此情」。

男人愛心的生成遠較女人間接而費時費事。這點已在上文提過。因為人類的生兒育女和男性的軀體沒有產生明顯的「骨肉關聯」，男性更加不需付出痛苦的代價。所以，我們有理由相信人類的愛起於女性，男人的情是由女人那兒習得❹。性的事在這個關鍵上成了馴服人類野性和動物獸情的契機。它也在人類文明的過程中記號化和意義化。

性的事可以像咬噬充飢，像灌飲止渴，像搔撓消癢，甚至像噴嚏過癮，排泄去積。性可以只停留在幾乎純粹生理功能的「食色性也」之上。可是，由於性的事在人類來說是兩個人之間的事，它有苦有甘，有痛有樂；它非死板劃一，又非千篇一律。它一方面具有侵犯性，另一方面卻需要合作以達較高目的。它和孕育的滿足關聯，又和生產的劇痛掛鈎。它在最高的興奮中消蝕，卻在最深的匱乏中活躍。

它可變形，但不容易取代。它不必力求武士的勇敢，但卻需要處子的溫柔。性事簡單而又深奧，容易而又艱難，自然而又「做作」，眞實具體但又抽象飄渺。性的事在這樣的不明晰，難把捉，可塑造，會變形，有矛盾，能提升的情況下，隨着人類其他文化形態的演變而演變，很快（或慢慢地 —— 全看一些歷史的偶然因素，端賴有沒有人「創造發明」和着力提倡），性的事加上了文明的「光暈」（蒙上人性的輕紗，不只停留在獸情的「曝光」），性被加以記號化，收納到人的記號體系的意義空間裏。性的事本來起於軀體，但卻可以通達精神境界，因爲它成了記號，成了抽象事物。

性的記號化意味着人體的記號化。由此，開拓出一大系列，一小傳統，但卻古今相承，香火不滅的人體文化 —— 人體語言、人體藝術、人體科學和人體玄學。其中各式各樣的人體語言最是人類塑情和表情的小語言（包括公衆語言和個人語言），性的語言主要在於身體語言，愛的感情的開拓起於身體語言的記號提升和意義抽象。

當然，人類的感情不只局限在人性中的愛心和愛情㊺。但是，愛卻是人類感情的生成核心和衍申依據。所以人類的「愛的小語言」的開拓發展，以及它對大語言的滲透改造，成了人類文明史上最值得宣揚稱道的事。愛的語言是人類塑情語言的骨幹。它的語彙是塑情語言的記號體系中的基本語彙，它的記號意含是塑情語言的意義空間裏的基本意義值。

這樣看來，從遠古的年代開始，情話、情詩、情歌、情戲、「情人的眼淚」、「情人的微笑」……等等，一波波的「小動作」（塑情之記號行爲），一套套的小語言（塑情的小語言），不斷侵襲，打擊，滲透那原本可能主要用來幫助生存，促進生產，改善生活的大語言。漸漸地，塑情的語言，正像成理的語言一樣（兩者可以同生共存在大語言

中），成了人類的第二天性。人類的感情生成成立。 人類又向文明的另一層面跨出了無法回頭的另一步。人成了有情的動物，不僅是理性的動物而已❹。

　　我們着重於人類理性和人類感情的生成描繪，指出人類怎樣由於進行記號化，從事記號行為， 開拓意義空間， 把自己由野性帶向理性，由獸情衍生人情。這一「記號人類學」的描繪旨在說明（文明）人性的生成基礎。這些構思並不一定可以照樣搬來說明當今人類的理性和感情。要說明今日人類的人性現狀，我們還需要加上用以說明人類實際演化歷程的種種理論、假設和假設主張。 不過， 我們不可否認，人類演化至今，我們仍然無法甩脫遠古祖宗的影子。我們今日的人性依然和人性初發之時，千絲萬縷，「多」脈相承。所以，「人性」、「記號」與「文明」之間的依傍關係， 並不只是人類遠古的故事，它也是今日我們處境的寫照。

　　從一個很實在而又可印證的觀點看，我們每一個人的理性和感情（甚至擴而大之， 每一個人的人性），都不是那麼天工自然，與生俱來。 我們每一個人都不斷經歷理性和感情的再生過程 —— 從呱呱落地，直到命終死亡。那些已經「創制」（「約定？」）和已經「俗成」的社會建制，尤其是語言建制（記號建制和意義建制）不斷在成就我們的理性， 不斷在塑造我們的感情， 不斷在建構我們其他層面的人性。我們需要通過記號的使用和意義的把握，重新「回憶」人類已經建立的人性面貌， 繼承發揚， 開展光大（這令人想起柏拉圖的知識「回憶說」）。或者我們也可以說，人類已經演化到今日，文化成熟，文明進步。人在初生之時，「潛意識」裏已經給烙上人性的印記。我們只要通過記號體系和意義空間的解碼，就可以走上人性的橋，通往文明的路。個人的解碼的記號活動，四通八達，並聯貫穿於民族文化

傳統的「解夢」的記號活動（這又令人想起佛洛依德的學說）。人性的代代相傳以至心心相印，意象更加清晰，概念更加確定；其歷程和路途也就更加具體而有把握。

5. 後語：二十一世紀的人類理性和人類感情 ── 二十一世紀的人性

我們曾經戲劇性地說：人性是人類說話說出來的。在上文裏，我們已經試圖解釋這句話的含義。不過，這句話所意含的，卻可以在種種深淺不同的層次上，發生效應，具有功能。這點，我們在上文裏已經有所交代。

由於記號體系和意義空間是塑成人性的重要樞紐，兩者的開拓與發展就成了人性演化和文明造形的決定關鍵。當今，二十一世紀迎面來臨之際，我們要怎樣檢討人類的記號活動，開闢意義空間，令我們在「回憶」人性傳統，「解夢」文明內涵之間，參與成就二十一世紀的人類理性，參與塑造二十一世紀的人類感情；參與構作二十一世紀的文明人性❹？

一九九二年三月十二日

後注：本文之構思成於一九九一年之初，全文大綱及前面三節曾發表於該年三月七日至十二日，香港中文大學哲學系主辦「分析哲學與語言哲學研討會」上。

注　釋

❶　參見＜方法論與教育＞一文，收錄於杜祖貽、劉述先合編《哲學・文化與教

育》，頁 265~295，香港中文大學出版社出版，一九八八年初版。

❷ 至於記號人類學是種（經驗）科學或是一種哲學——兩者間的區分當然無需一刀兩斷——那要視乎我們所採納的記號學原理從屬何處而定。

❸ 除了標明「自己」的字樣之外，這段話中的「人」通指人類，而不一定指個人。

❹ 從這裏，我們也看出人類文化內容和人類文明理想中，「俗成性」所佔據的重要位置。也因此，有關文化和文明的談論，溯本究源，容易演成（極大的）循環「論證」或是（極長的）「無窮」後退。

❺ 在一九八八年十月香港中文大學哲學系主辦的「分析哲學與科學哲學研討會」上，作者初次提出「大語言」與「小語言」之區分。事後有人（包括作者自己）曾經追問此二詞的英譯。日前（一九九一年三月五日）作者為了在英文系的語意學討論會上發表談話，臨時使用 "maximal language" 和 "minimal language" 這對詞語。現在繼續沿用。該次報告的內容和本文論旨有關，題目是：

A Matter of What——Semantics?

——Minds, Meanings, and Computers ←→ the Mind, the

　　Meaning, and the Computer

該次談論中有幾個主要論旨與本文有關：⑴平時我們以為是「意義」問題的，事實上屬於多面相、多層次、多種類的問題。所以「語意學」、「語意論」等並不是明晰概念而是乏晰概念。⑵「語意」或「意義」要在一個「語言系統」或「記號體系」中才有比較明顯的指稱。比如，在一個簡單的「邏輯語言」（比如「真函邏輯語言」）的系統裏，語意論可以只是真假值的賦值方式與準則，它可以和記號的「意義內涵」孤離分開。⑶記號或語言之成為系統或體系，需要一套「文法規則」或「結構規律」（建構方式）。可是決定一個語言（記號系統）中的表辭的合文法性（文法合理性）的規則，卻又需要藉助該語言外的後設語言來加以陳述，描構或闡釋。當這樣做的時候，表面上是該語言（對象語言）的「語意」或「語法」問題，溯本究源，追問起

「證立」問題來，到頭可能遲早變成要在該語言的後設語言才能表達得出的「語用」問題。比如，假若在某一語言之中，追求合乎文法是爲了令該語言中的表詞能夠一貫地發揮有效的表達能力，那麼怎樣的「構詞造句」才算是滿足了表達上的有效性，就經常不可能在該語言中自己陳示規定出來。這也是語言規則（規律）常常必須容許例外的一大原因。所以：(4)雖然我們常常可以在語法上將一個語言構作成爲一個「封閉系統」，然而一考慮構作該語言的目的，一接觸到它的語用問題，該語言很容易就淪爲「開架系統」——無法自行決定其語用問題的答案。(5)我們平時講起日常語言（如中文或英文）的語意問題或文法問題時，往往不自覺地將日常語言誤當作是一種（語意上或文法上的）「理想語言」，誤當作是一種封閉系統。事實上，我們所「談論」的是理想語言，但大家所「使用」的卻不是理想語言。(6)就人類社會中流行的絕大的傳達表意的記號「系統」而言——這類的絕大系統（作者稱之爲「大語言」）往往不是全面一貫地結構良好，也不是統一完整地有條有理。它直接與使用者（或人類心靈）的「意向性」掛鈎，而不是向可合理化可「系統化」的「邏輯性」認同附和。這類體系是否宜以「系統」之名稱之，大有商榷餘地——理想語言只是存留在大語言之上的一種「小語言」。我們常常試圖藉著構作（某種）小語言，發展小語言，鼓吹使用小語言，去「改造」大語言，去試圖包攬本來在大語言中進行的「文化工事」（比如，試圖起用「科學的語言」或「邏輯的語言」或「數學的語言」代替日常語言，釐定人類的「理性」，甚至進一步改造人類的理性）。可是我們卻不能因此忽略了區分對語言（大語言）的改造「倡議」和對語言的實然理解。(7)一個語言中的意義現象是由該語言的語用現象沉澱結晶而成。雖然結晶出來的語意規則在很多情況下指導、限制並規範了語用現象，造成語用「規律」；可是另一方面，我們必須認清，一個語言的意義規律不可能全面而且又決定性地規範指導語用規律；相反地，語言的語用現象的不斷轉移——使用語言的人的語用習慣的變遷，卻常常足以將相關，尤其是相克的語意規律加以違背，有意迂迴，棄置不顧，甚至明文改變。這類現象隨時隨地發生，其中涵藏的重

大理由至少有五項：⒜一個個別的單字（單詞）正好像一個個別的概念一樣，本身談不上具有任何意義。它之所以產生意義是因為它與其他單字（單詞）比對聯用的結果。分析到最後，語用決定語意，而非反是為之。⒝有些單字沒有什麼意義（如許多虛字就是），但卻有明確的用法；另外有些單字是在特定的用法之中才顯現出它的意義（或「半意義」）（如聯緜詞中的單字就是）。語用經常優先於語意。⒞有時，甚至一個貌似字形的東西算不算是字，具不具有意義；算是哪一個字，具有什麼意義，也是由（或者得由）語用現象來衡量決定。比如，在現代中文裏，「語法規則」（造字法）規定並沒有（不是必定不可能有）上下兩橫寫得等長的「土」字，因此它不是個中文字，更談不上具有什麼意義。可是，在實際的使用場合裏，假若該字字形出現於「地」字之前，一般會被解釋為「土」字，因此具有「土」字的意義，因為「土地」是個常用詞，而「士地」不是；相反地，如果給人用在「將」字之後，則它會被解釋為「士」字，因而具有「士」字的意義，因為「將士」是一個通用語詞，可是「將土」卻不是。就是說，語用上的考慮確定了（或用來固定出）字義。⒟語言（特別是像日常語言這種大語言）必須照顧到使用者所擁有的「當代經驗」。事實上，兩者經常緊密地一起演化，並生互動。可是由於語意現象及其結果較易把捉展示(語意是語用的沉澱結晶)，語用現象及其變化軌跡較難以追踪固定（其實語用之動態變化理應直接導致語意方面產生不同的沉澱結晶，但是由於我們的保守習慣與故步作風，以及其他現實上的原因——不是「理由」——我們通常對語意上的無法跟進採取一種容忍的態度，並且對語用和語意的處理使用雙重的標準），比方，我們比較容易編輯一部報導語意現象的頗為完整的辭典，可是相對完整的語用辭典的編寫就顯得困難重重；所以，我們往往誤以為語意規律指導著語用習慣。事實上，正相反，語用上的創造發明，不循規蹈矩以及朝向「當代性」、「未來性」或「前衛性」的發展引導著（甚至強迫）語意現象（如語意行為）的重新定向，重新定型，重新「沉澱結晶」。語用的進展促進語意的跟進，甚至進一步決定語意的改頭換面。⒠一般我們使用兩種策略來決定或固定表詞

的意義。第一種方式是走出語言之外，將表詞和語言以外的項目比配關聯。這類的項目包括人類意識活動中使用的概念、觀念，以及物理世界中的個別事物和事物集合等。第二種作法是在語言內部進行語詞和語詞（或其他種語言表辭）之間的比較與轉換。（我們暫時不考慮跨語情況：一個語言中的語詞意義由另一個語言裏的項目加以闡釋或界定）。不論我們使用的是語言之外的配比關聯，或者是語言內部的比對交換，最後都牽涉到使用問題而不只是意義內涵。就拿以語詞和語詞相對照配比的所謂「同義語界說」來說吧，假如我們把「父」字界定爲「爸爸」〔也就是說將「父」與「爸爸」確定爲同義語(詞)〕，這時我們可以說在語意上把「父」字定義了(或者說將「父」字在語意網絡裏定位了)。可是這樣做並沒有完整而全面地決定兩詞各自的過去與當今之實際用法，更沒有一貫而無缺地規範著將來可能出現的種種用法。比方，即使「父」與「爸爸」兩詞同義，也並不表示兩詞在各種脈絡裏都可以自由交換。暫時撇開「使用／提指」(use/mention) 分際問題和「指涉暗晦性」(referential opacity) 等問題不論，只專就一般比較直接而單純的脈絡來說：比方我們慣常使用「父字」結束給兒女的書信，但就不宜寫成「爸爸寫」、「爸爸書」或「爸爸字」；又如我們說某某人是土耳其的國父，但卻不說他是土耳其國的爸爸(某人是「光纖之父」，但卻不是「光纖的爸爸」)！當然，對於前一類的例子，我們可以說，事實上中文裏的文言文和白話文已經成了兩種語言，好像美語和英語一樣（不過，我們還得注意，即使現在寫白話文的人也可以巧妙地將文言文中的表辭取來合併使用）。至於後一類的例子，我們也許要說，「父」字除了本義(或原初意義)之外，增多了引申義（或衍生意義），它的本義才等於「爸爸」的意義，至於其引申義則約略等於「創造者」、「發明人」、「開拓者」等等的意義。不過，如果我們加深一層繼續設想，上述兩種情境全都先由語用現象帶領衍繁，而後才有語意方面的整頓收編。文言白話之別完全是語文使用養成的習慣所帶引出來的結果，兩者的交揉使用之可接受性亦然。至於一切語文表辭不斷地滋生或改變其引申意義，更是彰明昭著：因用而衍義，甚至慣用而另

立常義，絕不是反是爲之，有義才生用，——先立義而後才應用。(8)自從現代的（符號）邏輯、數理邏輯、形式語意學、後設邏輯（邏輯系統的後設理論）、後設數學和數學基礎論以及人工智能研究——尤其是電腦的應用在信息傳遞與「知識工程」方面的認知科學研究積極開展之後，有許多關於語言的討論採取了新的方向， 原有的某些有關語言的問題吸收了新的內涵。 比如：(a)我們能否使用「機械程序」（因此終久可將之委諸電腦）去有效地整編或重組語言（或語言的某一部份或某一層面）？例如，某一語言（或其子語言）的文法規則或其他結構性規則可否加以機械地界定〔比如化約成「遞迴地可加界定」(recursively defineable)〕？在這點上，我們首先應該注意比較明確地決定我們對語言的「重新建構」做出什麼期望或要求；我們標定出哪一個（或哪一類）由這一假想的（重構）語言系統之外所可指認的性質，做爲重構運作的追尋目標或其成就（ 成功與否 ）的判定標準。〔值得注意而必須強調的是，這類的標準經常不能在系統之內自己界定；一個系統的成就如何，有賴系統之外的權衡來評判。比如，構作「邏輯系統」這類小語言的重大目的之一是要捕捉論證之對確性（validity）。可是對確性的衡量卻不能只由系統內部的概念與方法自給自足地加以決定〕。在這個關鍵上——在論及使用「機械程序」來有效地整編重構語言方面——我們不要忘記「哥德爾不（可）完全性定理」(Gödel's incompleteness theorem)帶給我們的啓發和警告。〔該定理等於說，如果我們要依照嚴謹的機械程序來建構算術（數論）系統以捕捉算術眞理（眞句）的話，這樣的系統要麼就是不完全（有些算術眞句遺漏於系統之外），否則就是不一貫（ 同一系統中含有互相矛盾的算術命題）〕。 像算術系統這樣的小語言尚且遭遇如此難堪的理論難局，日常語言的系統化與重新建構，問題就更加複雜。(b)我們是否可以將語言中的意義問題擱置一旁，而專心討論文法問題或語言中的結構問題？比較明確而且比較時髦地說：我們可否將語意（semantic）問題化約成爲語法（syntactic） 問題而不損傷原來的工作目的或追求標準？有些從事人工智能研究而又喜見本世紀符號邏輯系統的長足發展的人士，急於肯定

機械智能的前景，因此邊下正面的結論。他們並且設法闡釋在現代的數理邏輯系統中，語意問題怎樣利用語法的方法改頭換面地加以解決。不過，這類的期望與斷言包藏著一些大膽的主張或假定。比如，他們假定邏輯家在目前的形式系統（formal system）或形構化系統（formalized system）中所處理的語意問題，就是（或等於是）一般人在日常語言中所面對的意義問題。但是，在當今盛行的「外範」（extensional）邏輯系統中，語意論的建構方式以及它與（該系統中的）語法規則的連結方式自限了該系統的可應用範圍；同時也限制了應用方法。比如牽涉到指涉暗晦性的表詞就只能當作是「明晰性」表詞來處理，結果失之毫釐，謬以千里。使用語法方式解決語意問題的主張（或假設），可以稱爲「語法主義」（syntacticism）。從理論上看，語法主義是片面的「化簡主義」。至於這種化簡作法是否有用，那就要看我們使用意義或討論意義時，我們的目的是什麼，以及我們要求多高的準確度和多深的「相應性」、「類似性」，甚至「相同性」或「等同性」而定。

❻ 作者對於「記號」（sign）和「符號」（symbol）做出如下的區分：凡是可用以表意的項目，統稱「記號」。記號中有組織，有系統的，稱爲「符號」。不過，是否有組織，是否成系統，這是乏晰現象，因此記號中的符號界分亦然。比如，在一般的中文裏，每一個中文字詞都是一個符號（中文系統中的符號），可是我們若在說中文時，爲了表達的需要，加上一個不是中文字詞的聲音（比如模仿江水奔騰的聲響），這時該一聲音由於不屬於現成的中文字彙，因此不算是中文裏的符號。可是它依舊具有表達的功能，它仍然是一個記號。

除了這個基本區別之外，記號（記號體）有自然天生的，也有人工創制的；可是符號（符號體）全是人類製作出來的。從這個觀點看，記號學的討論對象就不局限於人工創制出來的符號現象。

❼ 這兩大主流的形成和固定顯然受制於自然的環境條件（尤其早期人類的生態環境）和人類的生理因素（比如各種可以用來製作記號之器官的發展，該等

器官的日常工作忙碌程度，以及各器官之間的配合——包括手與腦之配合等等），此外，人類文化的開發內容和表意網絡的發展走向，也經常互為因果，交互加強。除此之外，大語言的雛型一經形成，體系內部也可以在形式上和結構上自求開拓，而不必斤斤計較於表意（和傳意）的實用目的和工具價值。在我們（大）語言中，並不是所有的表現方式都是（從傳知達意上看）最合理、最有效、最簡便的方式。語言一經形成，它也可以（用來）尋求花巧，解決沉悶，取樂惹笑，架構繁瑣，煽發虛無，……，演變出自己獨特的生命，並且溶化於語言社群中的文化塑造工程之中。尋求加強語言內部的各種創造能力，是促進語言演變發展的主要因素。

❽ 這裏的「說」指的當然是廣義的語言使用。不過，事實上說話是所有其他語言使用形式的縮影，有時甚至是一切記號表達形式的範型。

❾ 語言內藏的各種機制對人類之規約和驅使作用有時遠遠超乎我們一般認識到的範圍。作者已在從事一系列的探討，研究語言的使用與認知的形成之間的交互關係。這樣的研究也只不過是窺視大語言之動能和勢力的一個窗口而已。

❿ 此處所列舉的只是從小處著眼。我們可以將此一清單繼續伸展加長。比如包括語文讀物內容，各類文化名著內容，啟蒙讀物內容等等，甚至這類內容所據以表現之形式與結構，條理規範與發展模式等等。比如，一個文化中的典型戲劇（喜劇或悲劇），劇情發展取向和結局形式；又如詩歌的內容精神和其表現的外部結構（駢文排句、平仄、對仗等）。正好像內容需要依賴特定的形式去表現，因此常常受制於形式，甚至由形式的講究跟從而產生新鮮的內容（如迴文詩）；我們的人性依賴特定的表意系統去呈現，因此常常受制於表意系統，甚至因為對表意系統的跟從附和而創生出新的人性內涵。

　　比如，像「人人生而平等」並不是一個生物學、生理學和社會學的描述。它原先只是一句政治口號。可是一旦這個口號瓜熟蒂落地深植於我們的語言之間，變成我們有意無意引述活用的字句之後，它不只左右我們的思考與判斷（包括事實判斷與價值判斷），而且在更加底層裏成了我們的認知和

評價的基礎依據，構成人類（那時候）的理性與感性的一部份。

⑪　在此我們只能從語言的片面現象入手，而無法對它加以整體性的概括，所以
我們只能一點一滴地顯示出我們對大語言之複雜機制的描繪。另外一個困難
是，大語言經常隱形瀰漫於我們的生活方式之間，它通過「意義」的散佈，
令大語言不必具形有象地存在於人類所認知到和評價到的一切萬有之中——
就是那些「不道」之道和無名之「名」，也沒有遺漏於大語言之外。此點令
描繪工作變得粗淺與片面。

⑫　這裏所說的意義不僅限於狹義的「語文意義」。我們在此所揭發的記號理論
包括所謂「自然記號」(natural sign) 和「人工記號」。我們所說的意義
包含自然記號的「意義」。

⑬　我們只說「共通」而不是「共同」，只說「共通世界」而非「共同世界」。
「共通」表示搭蓋得出互相傳遞彼此交流的橋樑，而共同世界則是一種無法
達成的幻想。

⑭　我們在分享他人的「世界」時，使用「語言」；我們在拋離他人的世界時，
也使用語言。我們在同意和接納時，使用語言；我們在反對和排斥時，也使
用語言。我們在結構和建構時，使用語言；我們在反結構和所謂「解構」
時，也使用語言。我們在分析，詮釋，釐清，再組重構時，全都使用語言；
不但如此，我們在含忍，沉默相抗，無言抵制時，所使用的還是語言。（我
們暫時無法在此進一步詳細區分「沒有意義的寂靜和沉默」以及「富有意義
的寂靜和沉默」。前者不含語言（記號）的運用，後者則含有一種「負面」
或「轉借」的記號應用。當然兩者之間的區別往往乏晰，因為一般我們應用
日常（大）語言時，這種「無言的語言」以及「空白的記號」已經大量潛存
其間。在記號的使用之間，「留空」、「留白」之類的事，本身富有積極的意
義。

⑮　除了語彙和文法之外，小語言也可以有其「修辭法」和種種的語言用法習慣
和表達約定（語用學）。不過，小語言也經常直接由與它相關的大語言那兒
採用由來已久，沿襲不斷的「語用論」。

⑯ 很顯然地，大語言和小語言之區別和區分是相對的。小語言之內也可以再有更小的小語言。至於怎樣算是一個語言，一個語言和另一個語言之間的界限何在。這是語言的「個分」（individuation）問題，不在此處討論。我們在此處採取一種「乏晰的語言觀」（fuzzy theory of language）：一個語言和另一個語言之間的界分不一定需要清晰明確，一刀兩斷——不管大語言與大語言之間，小語言與小語言之間，或是大語言與小語言之間。

值得注意的是，不管是大語言或小語言（不論我們怎樣區分），每一個語言（無論我們怎麼定義）都可以有著不同的「版本」。我們甚至可以有某一個語言的個人版本。這樣的語言版本可以名之為「個人語言」（personal language），或是「個人化（的）語言」。個人語言可以供人模仿學習，推廣使用。那不是維根斯坦所說的不能成立的「私有語言」（private language）。

在藝術的語言裏，在情的語言裏，在愛的語言裏，在性的語言裏……，經常存在著（小）語言的個人版本；在那類的領域中，經常有個人語言存乎其間。

⑰ 當然，一個語言是否鬆散或乏晰是程度上的事。而且語言是多面相的文化建構，在某一方面呈現某一程度上的鬆散性與乏晰性的，並不一定在另外方面也呈現同樣程度的鬆散性與乏晰性。

⑱ 一個文化傳統中的小傳統經常是該文化裏的子文化，這種作為子文化的小文化，在起源上，在承傳上，以及在日後的發展和應用上，常常帶有明確的（甚至濃厚的）原來大文化（母文化）的色彩與特質。可是在一個大語言之上重新建構的小語言就大為不同。它在創制引介的過程中，固然難免取用原來的大語言做為其後設語言，可是這樣開發拓展出來的小語言卻不一定受制於原有大語言的形式（結構）條件或實質（內容）特徵，更無需遵守其「眞理論」或「眞句條件」（truth condition），因此無需變成它的子語言〔比較明確地說，小語言的語彙無需是大語言的語彙（之一部份）；小語言的文法規則可以有異於大語言的文法規則；小語言所肯定的眞句不一定要是大語

言所肯定的眞句〕。

　　從這樣的觀點看，難怪在某一文化傳統中的小文化，有時不易移植轉生於其他很不類似的文化傳統之間，因爲該小文化帶著原來母文化的某些特質，而此種特質可能和另一文化的特徵彼此衝突，格格不入。此外，我們也可以推論到跨文化的小語言之移植較易「順手」，可是只是從其他文化移植播種其小語言，並不能保證該小語言所代表的小文化也能一起移植過來生根滋長（中國百年來所談論的「西化」以及現在仍然爭論不休的「現代化」問題，均可以從我們現在所揭示的角度，加以進一步的瞭解和領會）。外來理論之移植問題亦可做如是觀。

⑲　這裏「更小」只是就脫生自其語言母體一事而言。更小的小語言不一定是相應的較大的小語言的子語言或其變體。

⑳　我們在此姑且將語言加以「擬人化」。但願此擧無礙討論。

㉑　「何自有情因色始，何緣造色爲情生」！語出《西青散記》。略加改動。

㉒　人類有著記號生活之後，很難重新返回度過全無記號之原始動物生活。所以語言的形成是人性開拓史上的一個大里程碑。不過人類也可能因爲心理上、生理上、精神病理上，以及其他認知取信上的原因或理由，壓低記號生活的程度，返回比較野性的生活內容；或者採用某種小語言（甚至「個人語言」）「禁錮」自己於脫離一般人性的異常記號生活之中。

㉓　當然，並不是人性本身自動地或自然地演化就成了文明人性。儘管人性之誕生可能經歷一場集中、激烈而難熬的蛻變的「陣痛」，而且出生之後文明人性的成長過程可能迂迴而緩慢，可是只要對比其他動物的演化成績，我們就明白「文明人性」的意義——當然，我們人類自己在以自己文化中所樹立的標準來度量文明（文明性），我們無法採用「天上的」標準。

㉔　從人類的記號活動的觀點看，價值領域可視爲意義領域的一種特殊類型。無論價值或意義，都是人類基於約定，基於俗成，或是基於認知探信活動，對事物加上其本身物理性徵以外的賦值（value assignment）。從這個觀點看，人類的意義領域（或記號空間）不只含有人工記號，也包括所謂的

「自然記號」（比如徵候就是自然記號的一種）。也從這樣的觀點出發，我們可以理解到科學（尤其是理論科學，以別於實用科學與科技）的範疇也是一種記號的範疇；也因此，科學的理論，正好像文學和文學的理論一樣，需要接受「解釋學」的詮釋，因為它們都是人類意義領域裏頭的記號事物。

㉕　人類的記號化和人類智能中的抽象作用，兩者形同表裏，互為因果，並且交相激盪，伴隨演化拓展。一方面，有了記號（尤其大語言普遍使用之後），人類對抽象事物才有較可靠的指認、思想、描構與談論（比如對之繪聲繪形繪影）。當然人類之所以浮遊於純粹具相之外，跨入記號的領域（記號體一般是具相事物，但記號則否），也與人類智力上的潛能（潛在智能）密切相關。另一方面，記號化的活動開拓了意義（與價值）的範疇，另外記號空間的開闢也順水推舟地促進了記號體系和記號結構的滋長和建構（包括可以純粹沉溺於文字遊戲，馳騁於虛無的「概念」之間）。於是意義（與價值）的內容對象，加上結構體系的形式條件，兩相聯手，共振互援，產生人類繽紛多彩的神話、童話、寓言、虛構文字與言說、謊話、「鬼話」（包括「鬼話連篇」的鬼話、「夢話」、廢話）、大話、反話、怪話、笑話等等；當然也產生情話、情詩、情文，產生音樂與藝術，產生數學、修辭、文法與邏輯，產生宗教與哲學。

㉖　一言以蔽之，一個記號的意含決定了該記號的指涉，規範了它的應用對象。相反地，一個記號的指涉並沒有明定出該記號的意含，但卻為該意含的修正提供考察研究的對象範圍。

㉗　並非所有的記號都指涉「客觀」的經驗世界中的事物。有的記號指涉著種種虛構「事態」和「事物」以及各式各樣的概念發明（比如數學事物和科學理論中的「關係事物」──包括因果關係，函數關係等）。

㉘　如果「鹿」非「鹿」，「馬」不是「馬」，則趙高無法指鹿為馬而生「奇效」。

㉙　我們現在依然將「情理」二字連用。情與理的分開是後來的事，尤其是林林總總的小語言此起彼落，蔚為大觀之後的事。

㉚ 我們現在的語言（寫此文字的語言）已經高度分化，而且受了種種小語言（比如「邏輯的語言」）的滲透和干擾，因此我們只能如此立說。

㉛ 考慮記號體系的開發和意義空間的拓展時，「性」只是生理的區別，沒有其他方面的劃分？它確定是明晰的差異，不是乏晰的類別？

㉜ 有些動物（比如海豚）擁有記號體系，照理也有特定的意義空間。但是（主要）因為生態環境及其生理結構的限制，令牠們的記號體系和意義空間發展到一定限度後，就難以繼續發展，不斷演進。牠們特別缺乏在大語言之上，另立小語言的能力。這是人類以外的其他動物不能產生文明的重要因素——可能是決定性的因素（海豚有類人或過人的智能，牠們有靈活的通訊能力，但卻產生不了海豚文明）。記號生態學的研究會指出，如果人類也像海豚生活水中；或者棲居完全黑暗世界之內，不能善用視覺；或者像很多其他動物似的記憶容量不足，五指又不發達的話，人類至今可能也只有低等的動物理性和低等的動物獸情。

從這方面看，「動物記號學」的探討，以及人類記號和（其他）動物記號之間，不同動物的記號之間的「比較記號學」的研究，加上人類各文化各民族的「記號民俗學」的考察，全都有助於解說，為什麼人類在生物的演化史上，表現得如此獨特；也有助於說明：何以語言（記號與意義）成了人類的第二天性；這是不是人性（向文明演化）的一種突破，一種「量子跳躍」；以及小語言的分化風行對文明人性的演化所起的決定性作用等。

㉝ 如果有人說，其實那時人類有理而無情，或者有情而無理；那是另外一回事。我們也可以說（「理」直「情」狀地），那時人類旣無情又無理（或者：旣有情又有理？）。我們主張人性是演化的結果，而且人類至少歷經一次人性上的「量子跳躍」，文明人性可以由無變有，由模糊變清楚，由乏晰變明晰，由無區分變有區分，由無情無理變成有情有理，由情理混合變成情理清楚。

㉞ 本文所指的大語言不只是現在所謂的「語言」和「言語」，因此，這裏所說的「語彙」也不限於文字形狀的語彙，或語音類別的語彙。當然，並非所有

的語言的語彙都容易保存和流傳，所以今日我們所認識到的某一語言中的語彙，不一定具有久遠時代之前的「意義值」；我們也不一定容易由當今某一語彙的意義值合情合理地推衍出那時的意義值。比如「情」、「理」和「情理」在有記載的年代之後的用法比較清楚。但是未有記載的遠古年代呢？

㉟ 當然早期人類的「知識」和「經驗」，從今日的眼光看來，很可能只是一些粗俗的自然迷信和民間信仰。人類的經驗和人類的知識，也像人性一樣，一直處在演化的過程中〔演化是否一定表示「進步」，那是由在人類文明中開展出來的價值標準（判準）來決定的〕。

㊱ 多元主義的精粹不在強求有別，而在容許不同——在方法上，在價值根據上，在理論的初基上，在終極事物（包括「終極關懷」，如何解決或解消「無窮後退」與「循環論證」的取捨與策略）上，在小語言的選擇和依附上，因此在記號體系的開發和意義空間的經營上，以及在語言的明晰邏輯與乏晰邏輯的選取和配合（不一定互相排斥，任擇其一）上，在解釋學的取向和定位上，在一直提升的更高層次，又再更高層次的文化關懷和文明意義上。

在實際的理論運作、文化建樹和生活方式中，任何主義，包括多元主義，絕不能單獨風行，別無一切。因此，對於多元主義之各種評估批判，也必須考慮它到底給拿來和另外什麼主義（或原理原則）相提並「用」，串聯發揮。對於主義（或任何原理原則）的「計量」（「計較」、「比較」、「對照」等等）都不宜當成「個體的計量」（個別的計量），而應視作「脈絡的計量」（關係的計量）。

㊲ 扮演成理語言的小語言，也可以充當塑情的語言，尤其當它廣被吸納消化於大語言之後。

㊳ 這些功能至少包括我們的概念架構安排，意義的定值定位，理論的建構原理規定，以及理論的證立核驗的邏輯判斷。

㊴ 我們要不要將科學的（小）語言所孕育激揚的（小）理性，稱爲「科學理性」；因此，接著有「科技理性」、「工商理性」等等，這大部份是方法策

略上的事。不過，值得注意而且應該強調的是，如果我們採取此一做法，則本文所指的科學小語言所闡發的小理性(科學理性)，並不是狹義地指涉（比如）科學家所遵奉推廣的原理原則和方法策略（這些有可能構成科學理性的重要內涵）。我們所指的，主要是科學語言通過對大語言的滲透和改造，所孕育激揚出來的理性。

❹ 此類觀點（假設主張）可以名之為「記號人性論」，或「記號文明觀」。

❹ 為了簡單，所以如此不理會「使用／提指」(use/mention)之分。比較嚴格地說，痛、苦和痛苦是感覺；「痛」、「苦」和「痛苦」是記號體系中的語彙。不過，我們得注意，這類的「邏輯區分」只是表述邏輯內的「語用區分」。人類的記號化固然最後常常出以語音或字型（或筆劃）的符號形式，但是這只是權宜之計而不是必然之法。感覺本身也可以直接記號化（本身充當記號體），不必首先寫（說）成語文上的符號。正好像在人類的「感情語言」中，人類的軀體（身體）本身可以充當記號一樣。當然，當我們將感覺直接加以記號化時，感覺本身充當自己的記號。不過它成了記號（記號類型）而不是記號用例（記號出現）。一切記號都是普遍而抽象的——包括「個體記號」〔此事與（人身）認同問題有關，不在此論。我們採取的觀點是，「人身」(person)是種抽象元目，正好像「字」(word)也是抽象元目一樣〕。

❹ 當初生成的「原因」不一定構成日後證立的「理由」。

❹ 我們將人與（其他）動物加以兩極化來對比，事實上，我們已經說過，有些動物普遍使用著記號。不過牠們都無法建立一種比較高層次的記號體系和意義空間，牠們無法在記號體系中做各種不同的普遍化（一般化）和抽象化，因此形成概念和概念的概念，以及概念的概念的概念等等；牠們的意義空間也因而變得平面而匱乏。比如，動物之個體認同大約停留在物理和生理的層次（包括對自己的「子女」的指認），發展不到人類那種抽象式，記號式的「人身認同」。人把其他人（以及自己）當作（看成、想成、說成）是物理的個體，是生理的個體，是心理的個體，是社會（社群）中的個體，是家庭

中的個體，是兩個具有性關係的一方 （的個體）， 是兩個互相迷戀的一方
（的個體），是兩個彼此相愛的一方（的個體）……等等。人類的記號化的
結果，令人不只把人當作是血肉之軀，人是（而且更是）記號；人不只把人
當「人」（甚至不把人當「人」），人把人當作是（看成是，想成是，說成
是）意義。人是他的記號體系的意義空間裏的記號值。人類的人身認同問題
如果是哲學問題（如果我們追問的是人性的人身而不只是物性的人身），則
個人是一個記號。（倘若我們比較一下其他動物的「物身認同」問題，就
明白人類問題的特殊相貌——當然，我們可以採取乏晰邏輯方式，將「人身」
與「物身」，甚至將傳統哲學中的「心」與「物」，不看成截然的二元，
而是具有程度等級的多元）。從這樣的觀點出發，哲學的記號學將爲傳統哲
學的問題，提出新的解題方法，指出新的問題答案，或供應新的闡釋方式。

㊹ 男人在許多意義之下是由女人敎養出來，在感情的發育上特別如此。這不僅
是因爲每一個人都有明確的母親，但卻可能只有乏晰的父親；不僅是因爲凡
人都在娘胎裏開始情的發育（當然也開始其他方面的發育）；不僅因爲起先
人類處於母性中心社會，人類的文明起於女性的基礎結構；也不僅因爲「男
外女內」的社會和家庭的分工安排， 令母敎深於父敎……。 女人在情感上
敎化男人含有更加基礎性的記號條件和意義內涵。如果我們沒有把握這個層
次，許多文化改革，包括「婦女解放」運動，以及「婦解意識下的語言文字
改革運動」，都容易功敗垂成，失之交臂。比如，在一幕戲劇或在一場眞實
的生活片段中，一個男人在一個女人面前下跪，跟女人在男人面前如此，具
有兩極化的不同意義。一個是「克己復禮」的人情，一面是「返回自然」的
野性。我們已經說過，人類的記號化令強者反弱，弱者變強。

㊺ 這件事也許是歷史的偶然，但從人類早期生態觀點看，卻是合情合理，而且
有根有據。

㊻ 到底人類首先成就理性， 或者首先塑成感情， 這也應該是歷史問題而不是
「邏輯問題」。人類理性與感情之生成到底孰先孰後，本身不一定是個重要
問題。兩者之發生和冒起也許在概念上可以「區別」， 但在時空上卻不能

「分開」。成理語言和塑情語言的區分（區別和分開）亦是如此。

㊼　從最淺顯的層次看，比如，今日不看《紅樓夢》的年輕男女，其爲情也，和舊時男女已大異其趣。又如，現在年輕人，在當前的成理的小語言的陶冶下，能不和上一代無生代溝，能不發彼此「沒有共同語言」之嘆？

　　從比較深入的層次看，今日語言（廣義之記號體系）正朝向形象化（影象化、影視化）發展，也朝向機械化（電腦化）進步，更朝向意義分層（意含壓縮、價值「縮水」）定形。我們要提倡什麼？要挽救什麼？要保存什麼？要放棄什麼？──才能在人類的不斷演化中，做出文明的貢獻？比如，我們要推行電腦語言（機械化的記號體系），需要語言電腦（記號體系的機械化）；但是，我們要把重點放置何處？把方向指往那裏？我們要人性電腦化？或是電腦人性化？我們要人性電腦？或是電腦人性？

滄海叢刊書目